AF293584

© Christel Herrmann 2017
Herstellung und Verlag
BoD – Books on Demand, Norderstedt

ISBN 9783743164307

ALS

Amyotrophe Lateralsklerose

A	= Abwesenheit /Fehlen
myo	= Muskel
trophe	= Ernährung / Wachstum
Lateral	= seitliches (Rückenmark)
skleros	= Verhärtung des Bindegewebes

Ich heisse Christel Herrmann, bin 62 Jahre alt und habe vor etwas mehr als sechs Jahren eine schlimme Diagnose bekommen - ALS. Diese Nervenerkrankung ist nicht heilbar, fortschreitend und führt immer zum Tod. Zuerst wollte ich die Tragweite einer solchen Aussage nicht zur Kenntnis nehmen - nicht wahrhaben. Es konnte nicht sein, was nicht sein darf. Ich habe in einer Art Nebelwolke gedacht, gelebt. Die meisten Menschen sind ja auch geneigt, Gesundheit bis ins hohe Alter als normal anzusehen. Dass dem nicht so ist, wurde mir erst langsam klar. Aber ich wollte mich nicht so einfach aufgeben, ich wollte kämpfen. Natürlich weiß ich, dass diese Krankheit nicht zu besiegen ist - aber ihr kampflos meinen Körper überlassen? Nein, das kam und kommt nicht in Frage.

Ich mache jede Therapie mit, regelmäßige Untersuchungen, bitte um Hilfe und akzeptiere Hilfsmittel, die mir den Alltag erleichtern, die mir helfen, Kraft zu sparen; Kraft, die ich lieber in schöne Aufgaben investiere.

Ich schreibe gerne. Illustrierte Kinderbücher für meine sechs Enkel, Briefe an liebe Menschen, Mails, um schnellen Kontakt zu haben. Und dann eben so etwas wie dieses Buch . Ich lasse einen Blick zu, tief in mein Innerstes.

Ich möchte damit Mut machen, Verständnis wecken und zeigen - Krankheit kann man - ja muss man - annehmen als Teil des Lebens - eines dann auch noch lebenswerten Lebens.

Ich habe darüber ein Buch geschrieben, was die Krankheit mit meinem Körper und mit mir macht. Anfänglich habe ich das nur für mich gemacht weil ich meine Gefühle und die Sympthome und damit das Fortschreiten der Krankheit festhalten wollte. Aber auch, um ein Ventil zu haben.

Pflegerinnen zeigten jedoch Interesse daran. Sie wollten die Krankheit und auch mich besser verstehen. Und so habe ich die Initiative ergriffen und das Buch veröffentlicht. Dabei ist es nicht geblieben. Das zweite folgte recht schnell. Hier ist nun das dritte Buch. Das hat mich vor besondere Herausforderungen gestellt, weil ich alles wirklich nur mit den Augen machen konnte.

Im Teil 1 (Christel Herrmann: ALS sie mich traf) habe ich recht umfassend über die Entwicklung der Erkrankung berichtet, meinen stetigen Kampf um etwas Selbstständigkeit, Normalität. Im Teil 2 (Christel Herrmann: ALS – die Krankheit schreitet weiter fort, doch ich lebe) Hier berichte ich weiter über meine Bemühungen, mein Leben zu meistern, meine Sicht auf die Weiterentwicklung der Krankheit, meine innere Einstellung zum Leben, meinem Leben. Mut haben, Mut machen.

Neue Möglichkeiten

März 2015

Endlich gelingt es mir, einen längeren Text recht flüssig zu schreiben, mit den Augen zu schreiben. Das ist inzwischen weniger anstrengend, als mit der Maus und der Bildschirmtastatur, wobei das anstrengendste das Platzieren der Hand auf der Maus ist. Am Morgen geht es vielleicht noch, aber am Nachmittag oder gar Abend ist es fast unmöglich. Da benötige ich immer die Hilfe von jemandem, der meine Hand richtig über die Maus legt und die Finger sortiert. Für mich alleine fast unmöglich, ich vergeude bei einem solchen Versuch nur unnötig meine wenige Kraft. Fast habe ich auch das Gefühl, dass meine Gedanken so viel besser fließen können, fast so als flössen sie direkt durch die Augen auf die Tastatur. Hört sich das ziemlich komisch an? Egal, ich empfinde es so, was andere davon denken, ist deren Sache. So sitze ich hier in meinem Rollstuhl, denke vor mich hin und halte die Gedanken quasi mit den Augen fest. Das hört sich tatsächlich ein klein wenig verrückt an, macht aber gute Laune. Na ja, und Gedanken laufen fast ständig durch meinen Kopf. Aber das ist wenigstens nicht körperlich anstrengend.

Licht, Sonne, Helligkeit und Wärme sind mein Treibstoff. Jetzt beginnt eine wirklich schöne Zeit. Die Natur steht sozusagen in den Startlöchern. Die Knospen der Bäume sitzen prall an den Zweigen. Nur ein paar warme Tage benötigen sie und schon grünt und blüht wieder alles, weiß, gelb, rot und vor allem leuchtet das helle Grün. Merkt man eigentlich, dass ich für den Frühling schwärme? Aber der Sommer mit seiner Wärme und der Herbst mit seiner Farbenpracht und der Stille sind mir genauso lieb. Nur der Winter mit seiner Kälte und Nässe ist nicht so mein Ding.

Anfang April 2015

Es ist endlich trockener und ich kann meinen Lieblingsplatz oben am alten Friedhof wieder erreichen. Da sitze ich nun in der Sonne und sehe die weißen Buschwindröschen, die gelben Blüten des Scharbockkrauts und das satte Grün vom Giersch. Ich höre und sehe die verschiedensten Vögel. Ein Bussard nutzt die Thermik und schraubt sich ohne einen einzigen Flügelschlag immer höher in den Himmel. Stundenlang könnte ich hier sitzen und sehen, hören, riechen und fühlen.

Besonders elegante Landung

Ostern

Das Wetter ist eigentlich ganz gut und ich kann mit dem Rollstuhl zum Osterkaffee bei der Familie fahren. Es ist so warm, dass ich ohne Jacke unterwegs bin. Es wird ein netter Nachmittag, die Kinder spielen miteinander oder mit dem Opa. Ich genieße still, sehe und höre dem munteren Treiben zu. Schließlich werde ich müde und möchte nach Hause. Dieser Müdigkeit schreibe ich mein folgendes Missgeschick zu. Denn plötzlich finde ich mich, Gesicht nach unten, im Grün am Wegrand wieder. Hier liege ich nun, das Grünzeug geht mir bis über die Ohren und ich fühle mich erstaunlicherweise gut, ruhig, überhaupt nicht aufgeregt. Mein Zeitgefühl ist verschwunden. Ich registriere, dass meine Brille noch da sitzt wo sie hingehört, sie drückt nur etwas. Aber sonst fühle ich Wärme und Zufriedenheit. Ich möchte einfach nur so hier liegen bleiben, nicht mehr denken müssen, nichts mehr fühlen, nicht mehr kämpfen müssen; loslassen, entschwinden. Gefühlt ewig lange liege ich so, dabei sind es nur Sekunden. Dann dreht mein Mann mich irgendwie auf den Rücken. Das ist gar nicht so einfach, einen so schweren, schlaffen Körper zu bewegen. Mir geht es doch gut, nur meine Nase blutet meine schöne gelbe Jacke voll. Mein Sohn hat inzwischen den Krankenwagen gerufen. Und dann bricht es aus mir heraus - ich heule laut los, die Tränen schießen mir in die Augen. Ich kann nichts dagegen tun. Mein Sohn stützt meinen Rücken und versucht, mich zu beruhigen. Schliesslich bringt man mich im Krankenwagen ins Krankenhaus, gut betreut von den zwei Sanitätern.

"Sind sie immer so stürmisch beim Ostereier suchen? " mit diesen Worten kommt der Arzt in den Untersuchungsraum. Tja, da muss ich doch schon wieder lachen. Die Untersuchung zeigt - Glück gehabt, alles noch heil, wenngleich nicht intakt. Ich darf also nochmals im Krankenwagen fahren und werde nach Hause gebracht. Da sitze ich nun in dem Schieberollstuhl und vermisse schon jetzt meinen bequemen eigenen Rollstuhl. Der steht nämlich noch an dem Unfallort. So überrede ich meinen Mann, mich dorthin zu bringen. Als ich dann wieder in meinem Rollstuhl sitze, fühle ich mich gleich wieder sicher. Wenn man täglich 16 Stunden darin verbringt, dann ist das schon fast ein Körperteil. So fahre ich mit Umsicht, aber nicht mit Unsicherheit nach Hause. Am Abend macht sich die Aufregung und An-spannung doch noch bemerkbar. Ich friere trotz Wolldecke und wärmendem Roggensack. Na, wenigstens friere ich bequem!
Aber was war eigentlich passiert? Den Gartenweg bin ich doch schon oft gefahren. Doch war ich wohl mit den Gedanken nicht ganz bei der Sache und etwas unkonzentriert. So habe ich einen hervorstehenden Stein übersehen und bin einfach über ihn "rüber gebrettert" statt umsichtig um ihn herum zu fahren. Dann hats mir die Hand verrissen und ich habe statt zu bremsen die Geschwindigkeit erhöht. Rums, da hat es mich aus dem Rollstuhl katapultiert. Der Rest ist bekannt.

Der erste Mai

Der Morgen fängt so an, wie ich mir diesen Tag vorstelle - blauer Himmel und ein paar Wolken. Nach der Morgenroutine mache ich mich auf zu einem „Maigang". Überall grünt und blüht es jetzt. Deshalb brauche ich nicht lange zu überlegen, wo es hingeht - Lengerich und, wie man hier sagt, umzu. Ich kann mich gar nicht satt sehen an allem und bleibe zwischendurch immer wieder stehen, um zu staunen über diese Vielfalt. Unterwegs treffe ich auf einen Trödelmarkt und kann nicht widerstehen. Ich stelle den Schleichgang ein und rolle an den Ständen vorbei. Kaufen will ich ja gar nichts. Doch dann fallen mir ein paar Kinderbücher in die Augen. Die möchte ich haben. Das gestaltet sich nicht ganz einfach, schliesslich versteht man mich kaum. Die Verkäuferin zeigt auf die Bücher und ich schüttele den Kopf, bis sie auf das Richtige trifft. Ich nicke und sie nennt mir einen Preis. Ich wiege den Kopf und irgendwann nennt sie einen angemessenen Preis. Schliesslich bin ich glückliche Besitzerin von vier Büchern. Weiter geht's zum Rathausplatz. Zwar steht der Maibaum schon, aber es sind noch viele Leute da und eine Band spielt. Ich stelle mich auf einen sonnigen Platz und sehe dem Treiben zu. Viele Menschen grüßen und ich nicke zurück. Hier verbringe ich noch einige Zeit, ehe ich rundum zufrieden nach Hause rolle.

Treckerhochzeit

15.05.2015

Heute ist schönes Wetter und ich mache mich nach der Physiotherapie noch auf den Weg. Der Freitag ist immer etwas anstrengend, weil dann bei uns geputzt wird. Das mag zwar nicht so scheinen, bringt aber mein inneres Gleichgewicht durcheinander. Ich kann nicht einmal genau sagen, warum das so ist.

So mache ich mich also auf Richtung LWL Klinik und genieße still eine entspannende halbe Stunde unter einem großen Baum und träume von richtig warmem Sommerwetter. Danach fahre ich noch durch die Stadt. Auf dem Rathausplatz stehen viele Leute herum. Das ist ja noch nichts Besonders, aber da stehen auch viele alte Trecker aufgereiht. Da scheint jemand aus dem Treckerverein zu heiraten. Das möchte ich mir doch ansehen. Dann kommt das Brautpaar und nach der Gratulationsrunde setzt sich der ganze Zug in Bewegung. Allen voran ein uralter Lanz Bulldog, der blubberte schon die ganze Zeit vor sich hin. So ein altes Schätzchen kann man nämlich nicht so einfach wieder anstellen. Der Motor muss vorgeglüht werden, sonst kann man ihn nicht anwerfen. Das weiß ich von meinem Schwiegervater, der hat früher mit so einem Schätzchen selber gearbeitet. So blubbert, hoppelt, knattert und qualmt der Konvoi durch den Römer und die Altstadt. Es stinkt zwar gewaltig, aber die Leute lachen und klatschen. Eine besondere Hochzeit, nicht nur wegen des Datums, dem 15. 5. 15. Ich habe jedenfalls meinen Spaß, auch wenn ich jetzt wegen der Abgase husten muss.

Ende Mai 2015

Wenn es ginge, würde ich am liebsten immer sofort alles aufschreiben, was mir durch den Kopf geht; Gefühle direkt beschreiben. Später ist es dann oft nur wie ein zweiter Aufguss, irgendwie fehlt der letzte Pfiff, ist nicht mehr ganz authentisch. Aber immer noch hundert mal besser, als sich gar nicht mehr ausdrücken zu können. Ich bin immer noch so empfindlich, ziehe mir auch immer noch Schuhe an, die oft nicht passen.

Wichtige Menschen

Petra Jäkel

Sie kam anfangs ab und zu als Pflegekraft zu uns. Was zuweilen passiert; da treffen zwei Menschen aufeinander und sofort ist klar: wir ticken gleich - verstehen uns sofort. Wir sahen uns selten und als sie in Rente ging, fragte sie, ob sie mich zwischendurch, im Rahmen ihrer Mitarbeit bei dem Hospizverein, besuchen dürfte. Da musste ich wirklich nicht überlegen! Seitdem besucht sie mich regelmäßig. Das sind sehr lockere Stunden. Mal erzählt sie mir etwas, sie liest etwas vor, wir unterhalten uns, soweit es mir möglich ist.

Petra Jäkel ist sehr engagiert in verschiedensten Bereichen - sie leitet Chöre, spielt die Orgel in Gottesdiensten, ist immer zur Stelle, wenn jemand um Hilfe bittet, sei es in der Familie, bei Freunden oder in der Gemeinde. Sie managt alles. In ihrem Leben hat sie so einiges erlebt, hat an interessanten Orten gelebt und hat viele Menschen kennengelernt. Ich finde es immer sehr interessant, wenn sie erzählt, denn sie hat damit auch immer etwas zu sagen. Sie hat auch meinen Wunsch erfüllt und mir etwas auf ihrem Waldhorn vorgespielt. Die Zeit geht sehr schnell um und ich freue mich immer schon auf das nächste Treffen.

Ellen

"Guten Morgen! " tönt es gut gelaunt vom Flur. Das ist Ellen, eine der Pflegerinnen, die recht regelmäßig zu uns ins Haus kommt. Daher kennt sie mich und meine besonderen Bedürfnisse sehr gut und wir sind gut aufeinander eingespielt. Wir verstehen uns nicht nur mit Worten, die fehlen mir inzwischen allzu oft, auch nicht mit Gesten, die gelingen mir genauso wenig, sondern mit Blicken oder auch gefühlt. Dabei gibt es auch immer wieder etwas zu lachen oder zu beratschlagen. Ellen kommt auch schon mal im Abenddienst, das klappt genauso gut wie am Morgen. Außerdem kommt sie schon mal außerhalb ihres normalen Dienstes am Abend, wenn sonst keine Pflegerin zur Verfügung steht, die mich gut genug kennt.

Sabine, Janina und Ellen sind die Pflegerinnen, die mich am besten kennen. Sie haben mir im Juli zu meinem Geburtstag auch ein Ständchen gebracht – vorproduziert, weil Sabine in den Urlaub fuhr - und am Abend vom Tablet vorgespielt. Einfach köstlich. Ganz herzlichen Dank dafür!

Janina

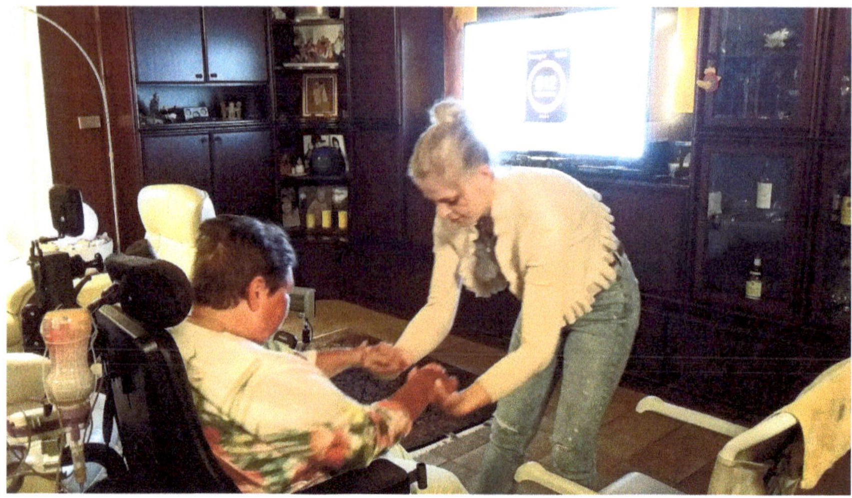

Sie hilft mir jeden Abend vom Rollstuhl auf den Duschstuhl, fährt mich ins Bad, zieht mich aus, putzt mir die Zähne, wäscht mich, zieht mir das Nachthemd an, bringt mich wieder ins Wohnzimmer, hilft mir wieder in den Rollstuhl, packt mich in eine Decke ein, setzt mir meine Brille auf und schließt den Katheter wieder an. Wir bilden beide inzwischen ein recht gutes Team, sind prima aufeinander eingespielt. Janina hat immer viel zu erzählen und versteht auch mein Sprechen meistens, was gerade um diese Uhrzeit nicht einfach ist. Wir sind beide auch mal für einen Scherz zu haben!

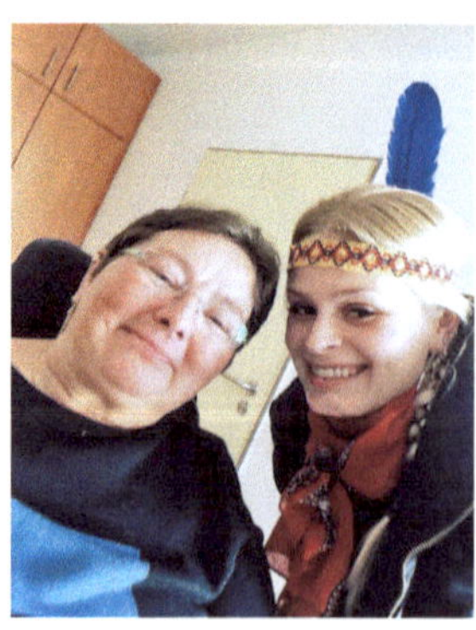

Helau!
Lachen ist ja bekanntlich gesund.

Physiotherapeut E. Piech

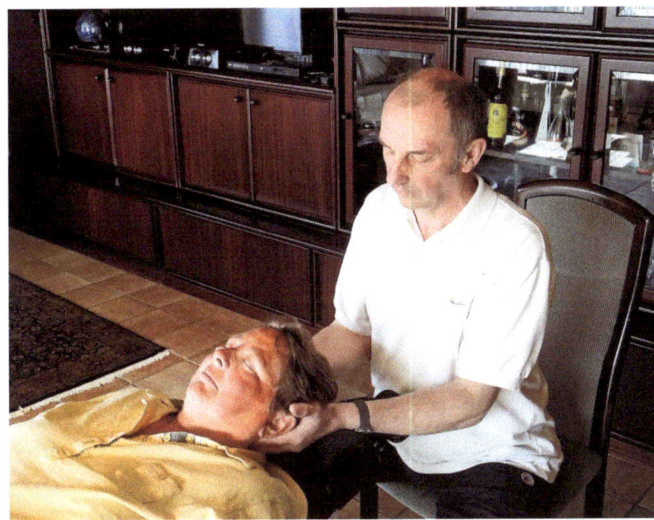

Hier bin ich in guten Händen!

 Der Physiotherapeut E. Piech kommt zwei mal in der Woche. Er geht immer auf meinen wechselnden körperlichen Zustand ein, sorgt dafür, dass Gelenke bewegt, Muskeln gelockert und Verspannungen gelöst werden. Dabei kommt mir seine umfangreiche Ausbildung und lange Erfahrung zugute. Unter anderem die Cranio Sacral-Therapie. (vom Lateinischen cranium: Schädel; sacral: das Kreuzbein betreffend: „Schädel-Kreuzbein-Therapie",) ist eine Alter-
nativmedizinische Behandlungsform.

Es ist ein manuelles Verfahren, bei dem leichte Berührungen, bei mir vorwiegend im Bereich des Schädels, des Nackens, des Zungenbeins erfolgen.
Die Cranio-Sacral-Therapie beruht unter anderem auf der Annahme, dass sich die rhythmischen Pulsationen der Gehirn-Rückenmarks-flüssigkeit auf die äußeren Gewebe und Knochen übertragen und somit verbessern lassen.
Der Therapeut arbeitet mit seinen Handflächen oder Fingern vorwiegend mit minimalen Zug- oder Druckkräften. Er folgt der von ihm erfühlten Gewebespannung, um sie zu reduzieren. Ein wesentlicher Aspekt liegt dabei auf dem Ertasten und Verändern des craniosacralen Rhythmus.

Anfangs war ich noch skeptisch. Was sollten so leichte Berührungen denn wohl bewirken? Aber mir wurde schnell klar; bei mir zeigt diese Behandlung große Wirkung. Sie ist manchmal sogar sehr anstrengend, weil der Körper noch lange nacharbeitet. Aber schon im Vorfeld, zu Beginn meiner Erkrankung, hat er mir durch Falltraining, Gleichgewichtsübungen und vielem mehr die richtige Köperbeherrschung und den genauen Bewegungsablauf erklärt und eingeübt. So konnte ich dann später, als meine Beine nicht mehr automatisch laufen konnten, durch das Wissen über den genauen Ablauf noch willentlich laufen, indem ich den Ablauf gedacht habe; meinen Füssen quasi gesagt habe, was zu tun ist. Wie ich übrigens viele Sachen denken muss, weil die "Automatik" kaputt ist.

Sabine

Jeden Morgen gegen 7 Uhr 45 kommt jemand vom Pflegedienst, um mir in den Tag zu helfen. Hier ist es Sabine. Sie war die erste Pflegerin, die ins Haus kam und mir auch gleich durch ihre Art und Kompetenz meine Unsicherheit nahm. Sich als Mensch akzeptiert fühlen, wenn Sorgen und Ängste ernst genommen werden, keine Ungeduld oder Ärger zu spüren ist, man auch mal über einen Scherz zusammen lachen kann, dann fühle ich mich gut aufgehoben. Die Krankheit bringt es mit sich, dass sich die Pflegesituation täglich verändern kann. Dass die Pflegerin das auch immer merkt und auch umsetzen kann, ist wahrlich keine leichte Aufgabe, zumal ich das ja nicht äußern kann. Wir beide sind aber ein gut eingespieltes Team. Es wird immer schwierig, wenn die Pflegerinnen oft wechseln oder lange nicht da waren. Ich habe da so feine Antennen und spüre jede Unsicherheit. Das wirkt sich dann negativ auf mich aus. Es kostet Kraft, Kraft die ich nicht mehr habe. Aber das kommt erfreulicherweise nicht oft vor.

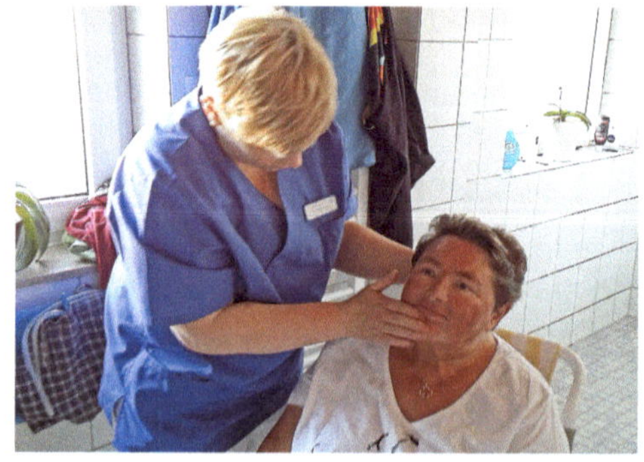

Hier sieht man mich, frisch geduscht und bereit für den Tag, während Sabine mein Gesicht mit Creme versorgt.

Dann geht es mit dem Duschstuhl ins Wohnzimmer und ich werde mit Hilfe des Drehtellers in den Rollstuhl gesetzt.

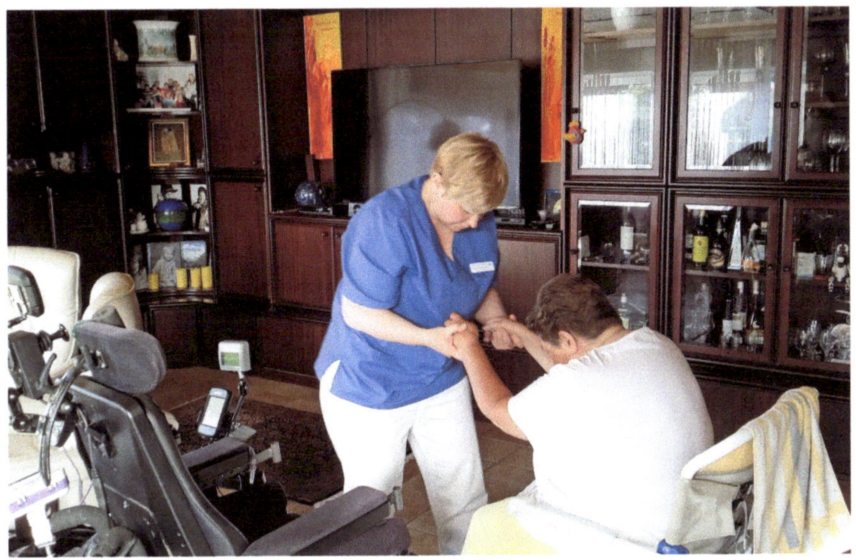

Noch die Hände eincremen, den Katheter anschließen und die linke Hand auf die Steuerung des Rollstuhls legen. Nun noch die Brille auf die Nase, den Anstecktisch an den Rollstuhl, noch die Dokumentation erledigen und dann kann für mich der Tag wirklich beginnen. Tschüss Sabine, bis morgen und danke.

Dr. Kemper, der Urologe

Er kommt immer gut gelaunt, alle fünf Wochen, um den Katheter zu wechseln: Dr. Kemper. Im Januar 2014 wurde mir in der Uniklinik Münster der Bauchdecken-Katheter (auch suprapubischer Katheter genannt) in die Blase zur kontinuierlichen Harnableitung gelegt. Danach hat der örtliche Urologe, Dr. Kemper, die weitere Versorgung übernommen. Der Wechsel erfolgt im Rollstuhl bei uns Zuhause mit meinem Mann als Assistenz. Das geht komplikationslos und schnell. Der kleine Ballon, der den Katheter in der Blase hält, wird mit Hilfe einer Spritze entleert und der Schlauch kann gezogen werden. Der neue Schlauch kann dann leicht eingeführt und der kleine Ballon wieder gefüllt werden. Fertig. Das tut nicht weh, da ähnlich wie beim Ohrloch, das Loch in der Bauchdecke offen bleibt. Während der ganzen Zeit findet eine lockere Unterhaltung statt.

"Dann bis in fünf Wochen! " sagts und schon ist Dr. Kemper wieder weg.

Logopädie

Sprechen ist ja eigentlich einfach. Nur wenn man mal überlegt, wie Buchstaben gebildet werden: Lippenspannung, Luftstrom, Zunge, Zähne - alles muss stimmen. Das zu üben und die Gesichtsmuskulatur zu entspannen, das ist die Hauptaufgabe der Logopädin in meinem Fall. Frau Vahrenhorst kommt einmal wöchentlich zu uns ins Haus, um in lockerer Atmosphäre mit mir zu üben. Wir müssen dabei oft über uns selbst lachen beim Grimassenschneiden als Übung zur Lockerung der Gesichtsmuskulatur. Schluck- und Atemübungen machen das Ganze rund.

Ergotherapie mit Dagmar Steiner

Ergotherapie, was ist das eigentlich? Nur spielen, basteln und Muskeln lockern? Weit gefehlt. Natürlich steht zu Beginn der Erkrankung tatsächlich, so lange wie möglich die Beweglichkeit des gesamten Körpers und speziell der Hände zu erhalten.

Aber man kann nicht nur die einzelnen Körperteile sehen, sondern muss den Körper als Einheit auffassen. So können Schmerzen im Bein von der Halswirbelsäule herrühren. Genau das, den Körper als Einheit sehen, das macht Dagmar. Wir haben uns irgendwie gesucht und gefunden. Sie beherrscht unter anderem auch die Cranio-Sacral-Therapie und beantwortet geduldig alle meine Fragen zum Zusammenspiel des Körpers. So zum Beispiel, warum die Muskelansätze immer wieder neu manuell stimuliert werden müssen und dem Gehirn die maximale Dehnung der Muskeln und Gelenke angezeigt werden muss. Macht man das nicht, verkürzen sich Muskeln und Sehnen und krümmen sich die Gliedmaßen und lassen sich gar nicht mehr bewegen. Das verhindert Dagmar durch ihre Behandlung, erzählt gerne dabei und ist immer gut drauf.

Frau Dr. Apelt

Was zeichnet sie aus? Sie ist eine kompetente Ärztin, die zusätzlich Fortbildungen in der Palliativ-(Mantel)-Medizin absolviert hat. Ziel der Palliativmedizin ist es, Lebensqualität zu erhalten.

Frau Dr. Apelt kommt regelmäßig zu uns, um uns bei unseren Problemen mit der Erkrankung beizustehen. Dabei ist sehr beruhigend, dass sie bei massiven Problemen Tag und Nacht erreichbar ist und gegebenenfalls ins Haus kommt. Sie ist ein Mensch, der mit uns fühlt - uns aber nicht bemitleidet. Palliativmedizin umhüllt die Erkrankten und deren Bezugspersonen, begleitet sie bei einer nicht heilbaren, zum Tode führenden Erkrankung. Dabei geht es nicht nur um Schmerzbekämpfung und Behandlung anderer Krankheitssymptome, sondern um ganzheitliche Sterbebegleitung, die den Körper und die Gefühlswelt gleichermaßen berücksichtigt. Es geht in den Gesprächen darum, Ängste und Unsicherheiten abzubauen oder Fragen zu besonderen Lebenssituationen beantworten. Frau Dr. Apelt bringt Ruhe, Kompetenz und das Einfühlungsvemögen mit, um sich bei ihr gut aufgehoben zu fühlen. "Es geht nicht darum, dem Leben mehr Tage zu geben, sondern den Tagen mehr Leben." Diese Worte werden Cicely Saunders zugesprochen. Die englische Ärztin wurde 1918 geboren und gilt als die Begründerin der modernen Palliativmedizin. Ihre Aussage fasst ziemlich gut zusammen, um was es in diesem relativ neuen Gebiet der Medizin geht

Jürgen

Einen wichtigen Menschen, nein, das ist nicht richtig, den wichtigsten Menschen, möchte ich nicht unerwähnt lassen. Es ist Jürgen, mein Mann. Wir sind immer zusammen durch dick und dünn gegangen. Und auch jetzt, wo es mir nicht so gut geht, steht er stets zu mir, kümmert sich um mich und was die Situation so mit sich bringt. Schriftverkehr mit der Krankenkasse, Pflegekasse, Behörden, Sanitätshaus und, und. Na, und dann die direkte Unterstützung für mich, von Tag zu Tag schwieriger werdend. Entscheidungen treffen, hilflos sein gegenüber der Krankheit, mit ansehen zu müssen wie ich mich manchmal quäle, zu trösten, obwohl er selber Trost bräuchte. Allein mit all den eigenen Ängsten, der Unsicherheit den Nöten. Immer nur wird nach meinem Befinden gefragt.

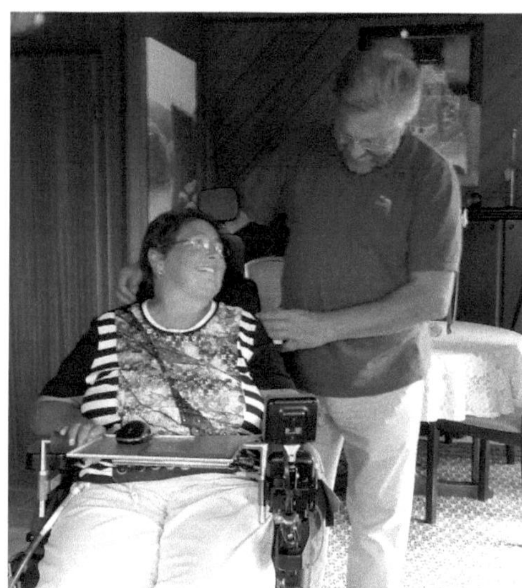

Kaum jemand fragt mal nach, wie es ihm geht. Aber das ist wohl das Los der Pflegenden - sie haben immer zu funktionieren, egal was ist. Sie sind ja schließlich nicht krank.
Doch, sie sind genauso krank, ohne selbst die Krankheit zu haben. Vielleicht kann man das nur wirklich nachvollziehen, wenn man selber in so einer Lage festsitzt. Ich bin jedenfalls unendlich froh, diesen Menschen an meiner Seite zu haben. Wobei ich aber auch frage, wie lange seine Kraft noch reicht.

Ich muss ja eingestehen, aber selbst ich habe mich ertappt, meinen Mann immer als Helfer anzusehen, der immer da ist und selbst keine Probleme zu haben hat. Dass das sehr egoistisch und selbstgerecht ist, müsste gerade mir als logisch einleuchten, wo ich doch tagtäglich sehe, wie er sich oftmals quält. Bei mir ist offensichtlich, dass ich ein Problem habe; seine Probleme sind nicht so offensichtlich. Außerdem trage ich ja mein Herz auf der Zunge und viele Gefühle sind sozusagen öffentlich. Er hingegen, frisst viel in sich hinein. Selbst mir gegenüber ist er da eher verschlossen. Aber meine Erkrankung dauert nun schon über vier Jahre, eine halbe Ewigkeit. Die meisten Menschen sind inzwischen wieder in ihrem Alltagstrott und eilen dahin, wo am lautesten gerufen wird. Und wir! Mein Mann hat ziemlich zu Anfang bei allen leise um etwas Zeit gebeten, das ist inzwischen völlig untergegangen. Uns hört fast niemand mehr. Das stumme Rufen ist so leise, dass selbst ich es offenbar manchmal überhöre. Die Konsequenz kann dann doch nur sein, laut um Hilfe zu rufen, um gehört zu werden. Unsere Vorstellungen von Hilfe passen offensichtlich einfach nicht in die Wirklichkeit. Man muss also einfach anrufen, hingehen und sagen, dass man reden möchte, reden muss. Die Menschen sind offensichtlich manchmal blind und taub, ich eingeschlossen. Für mich wird genug getan, ich habe früher mit viel weniger Menschen zu tun gehabt als heute. Mir reicht das so. Wenn, man laut denkt, ist man einfacher zu verstehen.

Verschiedene Arten von Hilfe(ruf)

Auf ein Wort

In der vergangenen Woche waren wir mit unseren zwei Freunden frühstücken. Ja, das machen wir immer noch gerne! Zwar kann ich nur mal Happen essen, der Hauptteil läuft in flüssiger Form durch die Sonde direkt in den Magen. Der Aspekt, dass wir zwei oder drei Stunden gemeinsam verbringen, ist der Grund für dieses Zusammensein. Vielleicht schaffe ich es, ein paar Worte verständlich zu sprechen und etwas zur Unterhaltung beizutragen. Und wenn nicht, höre ich zu und nicke bei Zustimmung oder aber schüttele den Kopf. Zwischendurch kann ich mir dann einfach mal eine kurze Auszeit nehmen, um mich zu erholen.

Bei eben diesem Frühstück kam auch das Thema Besuch zur Sprache. Wir beklagten, dass nur noch so wenige Bekannte den Kontakt mit uns suchen. Da wurde uns von unseren Freuden aber aufgezeigt, dass für die meisten da einfach eine Hemmschwelle ist. Sie wissen nicht so recht, ob ein Anruf oder gar Besuch recht ist. Wie sollen sie mit mir, uns, umgehen?

Ich sage es jetzt mal einfach wie es für uns ist.

Anrufe: immer gerne. Jürgen ist für jede Ablenkung dankbar.

Besuche: immer gerne, aber mit kurzer Absprache. Kurz anrufen und hören, ob es passt. Nicht böse sein, wenn es nicht geht, weil ein anderer Termin ansteht, ich Therapie habe, oder ich mich einfach nicht gut fühle. Und bitte, bitte hartnäckig bleiben! Vielleicht hat es fünfmal nicht gepasst, aber vielleicht beim sechsten Versuch. Danke!

Zwar kann ich oft nicht oder nur undeutlich sprechen. Das sollte aber niemanden von einem Besuch abhalten. Ich kann mit den Augen schreiben und der Computer spricht dann für mich. Außerdem kann und mag ich gerne zuhören. Dem neuesten Klatsch und Tratsch, einer Geschichte, vorgelesen aus einem Buch oder erzählt. Einen Zeitungsartikel vorgelesen bekommen, all das fände ich schön; für Jürgen wäre auch mal eine Verabredung schön. Auch mal ohne mich, einfach nur reden.

Wir sind nicht kompliziert, nur unsere Situation ist es. Wir lachen trotzdem noch gerne, lieben das Leben. Wir haben nur nicht mehr die Kraft, um offensiv um Besuche oder Hilfe zu bitten. Der Alltag fordert von uns beiden so viel Kraft, da bleibt schlichtweg kaum etwas übrig. Springt über euren Schatten und traut euch! Ich springe schließlich auch dauernd über meinen eigenen Schatten und das, obwohl ich im Rollstuhl sitze.

Ende Mai

Anders mobil

Juchhu, ich bin das erste Mal in meinem Leben stolze Autobesitzerin. Der Gedanke daran rumorte schon länger in meinem Kopf, denn das Umsteigen in unser Auto geht nur noch unter großer Anstrengung. Das kostet einfach zu viel Kraft. Mir schwebte ein Auto vor, in das ich mitsamt meinem E-Rollstuhl hineinfahren kann. Mein Mann greift den Gedanken gleich auf. Lange Rede kurzer Sinn - im Nachbarort Ladbergen werden wir fündig. Eine Probefahrt mit zwei Autos und wir entscheiden uns für einen Fiat doblo. Der ist umgerüstet und hat eine Rampe und Rückhaltesysteme für den Rollstuhl und für mich. Ich hüpfe ein bisschen herum - na ja, es sind wohl nur Millimeter, aber immerhin. Jetzt können wir wieder Ausflüge unternehmen!

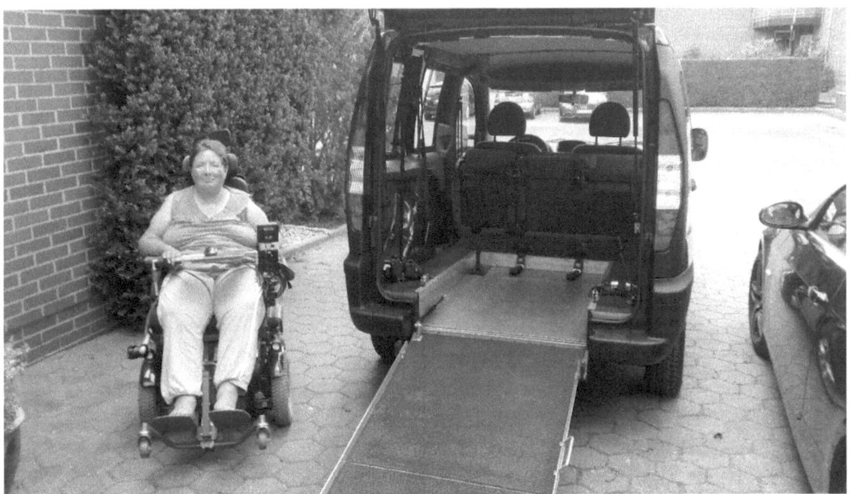

Was ich so lebe / liebe 26. Juli

Der Samstag war nass, kalt und sehr stürmisch. Bäume wurden entwurzelt und Gartenmöbel flogen durch die Luft. Heute, am Sonntag, ist die Luft klar und sauber. Die Sonne scheint und es ist angenehm warm.

Frau Dr. Apelt ist heute früh hier - trotz ihres Urlaubs. Sie begleitet uns auf unserem nicht immer ganz leichten Weg durch die Krankheit und ist eine große Hilfe. Bei ihr mag ich mich fallen lassen, können Tränen fließen und ich lasse in mein Innerstes schauen. Sie hat Mitgefühl aber kein Mitleid, ist immer erreichbar und selbst jetzt, in ihrem Urlaub, kommt sie regelmäßig vorbei, um nach mir / uns zu sehen. Ich finde, die Begleitung unheilbar Kranker durch Palliativmediziner sehr wichtig, nimmt es einem doch ein wenig die Angst vor dem Tod und dem Weg dort hin.

Dr. Apelt ist fort und ich fahre los. Die Luft ist herrlich und der Wind treibt die letzten trüben Gedanken fort.
Ich rolle zwischen Feldern und Wiesen dahin. Frei, ja ich fühle mich frei, vergesse den gelähmten Körper, das Ringen nach Luft, mein unausweichliches Ende.
Immer wieder bleibe ich stehen. Ich höre dem reifen Getreide zu - es knackt und raschelt, während die Sonne die Feuchtigkeit des gestrigen Regens trocknet. Hier sitze ich eine Weile und höre, sehe und rieche, während Sonne und Wind meine Haut berühren.
Weiter geht's. Zwischendurch bleibe ich immer wieder stehen und höre. Rechts und links hoher Mais. Hier raschelt der Wind mit den langen Blättern; aber so zwischen hohen grünen Wänden hindurch zu fahren, ist echt nicht wirklich spannend. Lieber fahre ich zwischen Wiesen und Getreidefeldern hindurch. Etwas weiter stehen Bäume - Pappeln, Weiden, Espen und andere. Der Wind fährt durch das Blätterdach und jeder Baum klingt anders - es rauscht, klappert, knistert und wispert. Man muss sich nur die Zeit nehmen und zuhören.

Justus Frantz

August

Als ich gehört habe, dass er nach Lengerich kommt, konnte ich nur sagen : "Da will ich hin! " Da würde ich in der Kurzzeitpflege sein. Egal, da muss ich einfach hin. Keiner hat Interesse an der Veranstaltung, also gehe ich allein. Aber vorbereitet von meinem Mann, der für den richtigen Platz sorgte.
Janina kommt mit zur Gempthalle und bittet die Damen an der Garderobe, im Pflegeheim anzurufen nach Beendigung des Konzertes. Da ich ja nicht klingeln kann, würde ich nicht hereinkommen.
Es ist heiß an diesem Tag, sehr heiß. Mehr als 36 Grad. Schön, ich liebe das!
Ich rolle hinter dem Platzanweiser her an meinen Platz ganz vorne, ein super Platz.
Justus Frantz ist mit einem Orchester aus jungen Musikern aus aller Welt unterwegs, vielen Konfessionen und Sprachen. Ein Orchester über alle Grenzen hinaus. Ich bin begeistert von der Idee, dem Konzert und Musikern. Es werden hauptsächlich Werke von Dvorak gespielt. Die Solopartien bekommen eine besondere Bedeutung, weil sich der Dirigent von der Bühne zurückzieht und im Publikum Platz nimmt. Da der Stuhl neben mir frei ist, habe ich zeitweise einen besonderen Sitznachbarn.
Nach dem Konzert kommt Justus Frantz zu mir und fragt, ob mir das Konzert auch gefallen hätte. Ich kann nur begeistert nicken.
Ich rolle zurück zum Pflegeheim, wo der Pfleger schon auf mich wartet, um mich hereinzulassen. Na, das hat doch auch gut geklappt. Man muss nur fragen und klare Absprachen treffen.
Es ist noch immer herrlich warm und ich sitze noch eine Stunde bei weit geöffneten Fenstern im Dunklen und spüre der Musik bewusst nach.

Wespe

Ende August

Ich bin wieder unterwegs bei strahlendem Sonnenschein. Jetzt sitze ich noch im Garten im Schatten, stelle den Rollstuhl bequem ein und schnaufe durch. Eine Wespe umkreist mich. Wenn man nicht nach ihr schlägt, dann kann ja eigentlich nichts passieren. Also krabbelt sie auf mir herum. Es kribbelt ein wenig, ist aber nicht unangenehm. Schließlich ist sie an meinen Füssen angelangt. Meine nackten Zehen scheinen sie besonders zu interessieren, denn hier hält sie sich besonders lange auf. Und dann fängt sie an, meine Nagelhaut anzuknabbern. Ich kann richtig sehen, wie ihre Mundwerkzeuge arbeiten. Anfangs ist es ein leichtes Kribbeln. Die Wespe probiert verschiedene Stellen aus und entscheidet sich dann für die Nagelhaut des Mittelzehs. Ihre Mundwerkzeuge arbeiten kräftig, als sie die immer gleiche Stelle bearbeitet. Auf Dauer tut es dann doch weh. Na ja , nicht richtig weh, es zwickt eben . Wie werde ich diesen Quälgeist nun wieder los? Ich hebe den Fuß leicht an und lasse ihn wieder herunter. Nichts. Ich fahre einmal im Kreis durch den Garten. Nichts. Also abwarten.
Schließlich krabbelt sie weiter und ich atme durch. Doch die Wespe will nur einen besseren Futterplatz suchen - und findet ihn in einer Hautfalte unter dem Mittelzeh. Da legt sie dann richtig los. Gefühls-mäßig stanzt mir das Tier ein Loch in den Zeh. Autsch! das wird dann doch etwas heftig.
Mein Mann sieht zwischendurch nach mir und er verscheucht die Wespe - vermeintlich. Kaum ist er weg - ist sie wieder da, die Wespe. Meine Zehen scheinen eine besondere Delikatesse zu sein, denn sie steuert zielstrebig den Zeh an und legt auch gleich wieder kräftig los. Jetzt wird es mir allerdings wirklich zu bunt und mein Mann holt mich nach oben in die Wohnung. Fliegen, Spinnen und Mücken sind ja schon oft auf mir herumgekrabbelt, das kann ich gut aushalten auch wenn es manchmal sehr kitzelt. Aber was die Wespe da mit mir anstellt, kann ich nicht einfach ignorieren.

Trikot

Ich freue mich wie Bolle! Mein ältester Enkel wird im Oktober 10. Das ist für sich gesehen schon toll. Er ist BVB-Fan, besonders von Marco Reus. Da bin ich mal auf die verrückte Idee gekommen und wollte den Fußballer um ein persönliches Autogramm oder Ähnliches bitten. Ich habe mich dann an das Management von Marco Reus per e-mail gewandt und habe meine Bitte geäußert, auch mit dem Hinweis auf meine besondere Lebenssituation. Ich war wirklich gespannt, ob es überhaupt eine Reaktion gibt. Nicht mal eine Woche später erhielt ich einen dicken Briefumschlag. Inhalt: ein unterschriebenes Trikot von Marco Reus. Ich war echt von den Socken. Ich glaube, mein Enkel freut sich.

Was kann ich machen ?

07. 10. 2015

Ein recht schöner Herbsttag ist heute. Noch angenehm warm, so dass keine dicke Jacke notwendig ist, um nach draußen zu gehen. Ich kaufe mir auf dem Markt zwei wunderschöne Orchideen. Irgendwie brauche ich das jetzt. Innerlich fühle ich mich so angespannt, leer und einfach müde und Ängste haben mich oft keine Ruhe finden lassen. Kann ich denn wirklich von meinem Mann weiter meine Pflege erwarten, wo er doch gesundheitlich so angeschlagen ist? Für meinen Mann wird jetzt in der Reha hoffentlich viel getan. Aber wenn er wieder nach Hause kommt, was kann sich bei uns ändern, muss sich ändern? Ich bin hin und hergerissen zwischen Traurigkeit und Verantwortung. Niemand kann mir die Entscheidung abnehmen, hier bin ich ganz allein gefragt. Mein Mann würde sich nie aus der Verantwortung ziehen, würde eher daran zerbrechen. Jetzt habe ich viel Zeit, darüber nachzudenken. Heute ist der erste Tag der Reha. Es ist schönes Wetter und ich bin viel draußen - und denke.

Nach zwei Wochen kommt Jürgen und besucht mich. Er sieht nicht viel besser aus als vor zwei Wochen. Eine Stunde und er ist wieder weg. Was bleibt, ist die Erkenntnis, dass ich j e t z t eine Entscheidung treffen muss. Dauerhaft jemand Fremdes mit im Haus und in unserem Alltagsleben zu haben, das kommt für mich nicht in Betracht, da bin ich komisch. Aber dass ich dauerhaft hier in der Pflegeeinrichtung bleibe, schon. Und so schreibe ich meinem Mann eine Mail.

"Hallo Schatz,

ja nun heißt es „Butter bei die Fische". Natürlich habe ich mir auch dahingehend meine Gedanken gemacht, was unsere Möglichkeiten sind, sinnvoll für beide Seiten damit umzugehen. Ich kann nur eine Lösung finden - ich bleibe dauerhaft hier in der Pflege und wir sehen uns dann zwar oft, aber nicht ständig. Das würde für Dich Ruhe bringen und Du könntest die Nächte wirklich zur Erholung nutzen. Das würde auch heißen, dass unsere gemeinsame Zeit dann nicht quantitativ sondern qualitativ von uns gesehen werden müsste. Ich kann mir aber vorstellen, dass wir dann tatsächlich mehr voneinander hätten, als jetzt, wo wir beide offensichtlich permanent ein schlechtes Gewissen dem anderen gegenüber haben. Was denkst du darüber? Ich bin jedenfalls Realist und könnte mich mit der Situation abfinden - anfreunden."

Damit löse ich einen noch regeren Mail-Kontakt aus, als wir ihn ohnehin schon hatten. Da bewegt sich etwas in unseren Köpfen ......

Immer wieder werde ich von meinem Mann gefragt, ob ich mir das denn auch wirklich gut überlegt hätte und, und, und. Ja, ich habe es mir gründlich überlegt, lange überlegt, ohne von irgend Jemand beeinflusst worden zu sein. Nur von der Realität. Die Antwort auf meine Anfrage bei der Heimleitung freut mich sehr. Ich kann dauerhaft bleiben, auch in diesem Zimmer. Prima, das gefällt mir von der Lage auch sehr gut.

Am darauf folgenden Samstag kommt mich mein Mann wieder besuchen. Wir liegen uns lange in den Armen, ohne etwas zu sagen. Jürgen sieht jetzt tatsächlich schon besser aus als letzte Woche. Selbst die Gesichtslähmung ist auch etwas mehr zurückgegangen. Er erzählt, dass die Ärzte ihm gleich am Anfang der Reha zu einem radikalen Umdenken und Änderung der Pflegesituation geraten haben. Sonst würde er nicht mehr lange durchhalten und mir gar keine Hilfe mehr sein können. Er hat sich aber geweigert, von sich aus eine Entscheidung zu treffen. Als ich dann von mir aus diesen ganzen Prozess in Gang gesetzt habe, da ist wohl bei ihm etwas im Inneren passiert. Der Körper hat wieder Kraft tanken wollen und können. Zwar nur langsam und Stück für Stück, aber immerhin.

An diesem sonnigen, warmen Samstag bin ich glücklich und zufrieden mit unserer Lösung.

Dass mir aber eine große Überraschung noch bevorsteht, ahne ich da noch nicht. Jürgen verabschiedet sich und sagt so nebenbei, dass er noch zum Friedhof will, um das Grab seiner Eltern in Ordnung zu bringen. Na ja, was mache ich? Ich mache mich nach dem Mittagessen auf, um meine Mittagsstunden draußen zu verbringen. Da kann ich ja auch gut zum Friedhof fahren. Da finde ich immer einen ruhigen und sonnigen Platz zum Ausruhen und Träumen. Als ich dort ankomme, steht Jürgens Auto da und ich denke mir - prima, da kann ich ihm ja noch einmal Tschüss sagen. Langsam rolle ich dem Weg entlang und sehe Jürgen auch am Grab arbeiten. Aber er ist nicht allein, eine dunkelhaarige Frau arbeitet Hand in Hand mit ihm. Das sieht so vertraut und normal aus. Da ist es für mich klar. Die beiden kennen sich näher. Aber zunächst muss ich mich sammeln und so fahre ich den Weg weiter bis ans andere Ende. Hier atme ich das erste Mal wieder bewusst.

Es ist aber nicht wie ein Schlag ins Gesicht, eher ein "Aha". Ich denke kurz nach und entschließe mich, die Augen nicht mehr zu verschließen. Also, Augen auf und durch. Ich fahre langsam den Weg wieder zurück und bleibe in der Nähe von meinem Mann und seiner Begleiterin stehen. Nach kurzer Zeit schaut Jürgen hoch - und sieht mich. Ich kann sein Erschrecken und seine Unsicherheit bis zu mir spüren - trotz der Distanz. Etwas zögerlich kommt er zu mir herüber und sagt etwas. Was, weiß ich nicht, ich höre etwas, scheine aber die Sprache nicht zu verstehen, nur die Situation. Langsam kommt auch die Frau zu mir herüber. "Ich bin Sophie." sagt sie nur. Wir beiden sehen uns nur an und als ich dann nach einiger Zeit einfach nur nicke und zu lächeln versuche, nickt sie auch und geht wieder. Ich verabschiede mich von Jürgen. Wir sagen jetzt beide nichts zu den Ereignissen gerade eben.

Unsicherheit auf allen Seiten. Ich brauche Luft, ich brauche Zeit zum Denken. Eine große Kastanie bietet mir ihren Schutz an. Hier sitze ich nun und lasse mich treiben. Komisch, ich bin nicht entrüstet oder traurig, ich bin ruhig, geradezu erleichtert. Denn eines ist klar. Sophie ist mehr als nur eine Bekannte. Scheinbar ein Mensch, der Jürgen gut tut, das sieht man!

Empfinden

02.11.2015

Die Nacht ist etwas unruhig. Ich denke, denke und denke. Hundert Seiten habe ich in Gedanken schon geschrieben. Ich bin froh, endlich gibt vieles einen Sinn. Aber ich bin auch etwas unsicher, unsicher wie es weiter geht, wie wir jetzt miteinander umgehen können. Ich bin mir aber sicher, ich werde auch weiterhin auf Jürgen zählen können. Wir kennen uns jetzt mehr als 45 Jahre und ich habe Jürgen immer als zuverlässigen Menschen erlebt. Er wird mich nicht alleine lassen. Da bin ich mir sicher. Wenn er aber einen Menschen gefunden hat, bei dem er sich anlehnen kann, so freut es mich ehrlich. Sophie scheint sehr nett zu sein.
Ja, es stimmt, Jürgen hat mich längere Zeit, ja was eigentlich? Belogen? Betrogen? Hintergangen? Geschont? Na ja, vielleicht etwas von allem. Aber er kennt mich, zeitweise hätte ich mich nicht damit abfinden können, eine andere Frau neben mir zu wissen. Aber jetzt ist nicht gestern. Unsere Situation ist jetzt eine ganz andere.
Jürgen hat nicht gesucht, trotzdem haben sich die zwei gefunden. Ein sympathischer Mensch, eine Schulter zum Anlehnen, ein verständnisvoller Mensch zum Zuhören. Jemand der akzeptiert, dass es mich gibt an Jürgens Seite. Wir werden daran arbeiten. Die folgende Mail bestärkt mich in meiner Ansicht.

"Liebe Christel,

es hat sich meine Einstellung zu dir nicht geändert. Du bist und bleibst die Frau, mit der ich eine ganz lange Zeit, mit sehr positiven Erinnerungen daran, erfolgreich gelebt habe. Durch Deine Erkrankung sind ganz viele offene Träume zerplatzt. Alle Träume beinhalteten Dich. Mit Dir wollte ich alt werden. Bis dahin habe ich nichts hinzuzufügen. Ich habe die Herausforderung, Dich auf Deinem schweren Weg zu begleiten, angenommen. Da gab es keine offenen Fragen. Vor ca. 2,5 Jahren hatte ich ein schlimmes Tief; als mir deutlich wurde, dass mein Leben ohne die Möglichkeit eigener Einflussnahme weiterlaufen würde. Leider kamen auch körperliche Defizite zutage. Mein Arzt hat mich in mehreren Gesprächen davon überzeugt, dass ich mich aus dem "Mitleiden" befreien muss. Mir kam dann in den Sinn, was Deine Freundschaft mir doch bedeutet und welchen Stellenwert sie für mich hat. Das war mein Ausweg. In relativ kurzer Zeit konnte ich das kontrollieren. Du wurdest meine Freundin. Ich hab auch andere Frauen nicht beachtet. Ich wollte nur Ruhe haben. Dann - vor knapp zwei Jahren - hab ich Sophie kennengelernt - beim Einkaufen. Ich suchte ein Putzmittel. Sie arbeitete dort und half mir, es zu finden. Dann fragte sie nach Dir und so kamen wir ins Gespräch. Wir haben uns dann zum Kaffee verabredet. So nahm das seinen Lauf ... So wurde es mehr...

Du hast immer die wichtigste Rolle gespielt. Für Sophie war klar, dass ich Dich nie verlassen werde. Das gilt auch heute noch so. Natürlich bin ich auch weiterhin für Dich da - ohne jegliche Frage. Ich lasse Dich nicht im Stich. Für mich wird eine Sorge geringer. Die Oberärztin hier hat mir deutlich gemacht, wie hoch meine Gefährdung Richtung Schlaganfall und Infarkt ist. Der Internist hat es recht drastisch bestätigt. Da tauchten bei mir Fragen auf. Wer kümmert sich um mich, wenn mit mir etwas schief geht? Meine Aussichten auf ein begleitetes Leben im Alter waren sehr gedämpft. Ich bin noch nicht so weit, dass ich mir ein Leben im Heim vorstellen kann. Mir geht's körperlich recht gut. Wenn ich Dir jetzt schreibe, dass ich Dir bestimmt nicht wehtun wollte, es ist wohl nun mal passiert. Ich war überrascht, verbunden mit der Unsicherheit, mit der Situation umzugehen.
Das, was und wie Du geschrieben hast, nötigt mir Riesenrespekt ab. Du bist selbst in deiner Krankheit eine starke Frau. Ich bereue keinen Tag unserer gemeinsamen Lebenszeit. Und bitte denk daran: Ich lasse dich nicht im Stich. Du kannst natürlich alle Fragen, die Dich bedrängen, stellen. Sollte ich mich komisch ausgedrückt haben - ich habe solche Situationen vorher nicht gehabt - bin ungeübt. Jedenfalls danke ich Dir von Herzen. Du bist und bleibst ein wichtiger Bestandteil meines Lebens.

Herzliche Grüße

Jürgen"

Neue Wege

Manchmal muss man jemanden gehen lassen, um ihn zu halten.

Nur wer nicht gelebt hat, hat Angst vor dem Tod.

Beides ging mir heute so durch den Kopf. Beides stimmt. Habe ich selber so erlebt, empfinde ich so. Jürgen und ich, wir haben beide ein Ziel - leben. Aber das geht nicht mehr einfach so - zusammen. Wir brauchen beide Hilfe, die wir uns aber nicht gegenseitig geben können.

Aber wir haben einen Weg gefunden, oder besser, der Weg hat uns gefunden. Einen Weg, in Form einer liebenswerten Frau. Wenn sie nicht gewesen wäre, vielleicht würde Jürgen heute nicht mehr leben. Er hat in den letzten Jahren so viel für seine Eltern und vor allem für mich getan, bis fast zur Selbstzerstörung. Aber dann hat er Sophie kennengelernt. Ich habe gespürt, dass es anders wurde, langsam aber merklich. Er war aber für mich da, immer.

Die Reha war dann der Wendepunkt. Ich bin in der langen Kurzzeitpflege und Jürgen ist zur Reha . Die Ärzte dort haben ihm dann drastisch vor Augen gehalten, wie schlimm es wirklich um ihn steht. Die Gesichtslähmung in der Woche davor war wohl der allerletzte Warnschuss. Mir hat er das aber immer noch nicht in solcher Deutlichkeit gesagt. Ich habe viel Zeit zum Nachdenken gehabt und genutzt. So konnte es nicht weitergehen. Was wollte ich? Ich fühle mich hier in dem Pflegeheim sehr wohl, gut versorgt und irgendwie angekommen. Ich, ganz alleine ich, habe mich entschieden, dauerhaft hier in der Pflegeeinrichtung zu bleiben.

Das war dann für Jürgens Genesung der Wendepunkt. Der Druck, weiter perfekt funktionieren zu müssen, war weg. Die innere Not, mich nicht mehr perfekt zu versorgen, war weg. Zwar war die Gefahr eines Herzinfarktes nicht vollkommen gebannt, aber sie war nicht mehr ganz so hoch. Er durfte aber für einen Tag nach Hause. Da durfte ich dann Sophie kennenlernen. Sie war immer für Jürgen da. Und jetzt auch für mich. Ja, das gibt es wirklich - wir verstehen uns wirklich, sie helfen mir beide. Jürgens Gesundheit ist zwar immer noch sehr angeschlagen, aber er blüht regelrecht wieder auf - und ich mit ihm. Wir sind ein Team aus drei Menschen, die sich brauchen, die sich verstehen und gegenseitig helfen. Das will ich einfach nur mal gesagt haben.

Besser kennenlernen

Ich möchte Sophie gerne näher kennenlernen. Nicht nur so zwischen Tür und Angel. Wenn sie es auch möchte. Und sie möchte. Sie kommt zusammen mit Jürgen zu mir. Es ist für mich ein emotionaler Moment. Sie nimmt mich in den Arm - und ich kann es spüren - es springt ein Funke über. Sie erzählt mir von sich, von der Familie und hört mir zu, bzw. dem Computer, der sagt, was ich geschrieben habe. Wir verstehen uns, wir mögen uns, unsere Nervosität ist weg, bei uns dreien. Wir werden uns öfter sehen, ab und zu etwas zusammen unternehmen.

28.11.2015

So manch einer wird mir einen Vogel zeigen und sagen, dass ich spinne. Aber es ist wirklich so - ich bin glücklich - wie lange nicht mehr. Ich bin glücklich zu leben, glücklich, Jürgen wieder lachen zu sehen, locker und gelöst zu erleben - ihn und Sophie so zu erleben. Jahrelang habe ich ein schlechtes Gewissen gehabt, Jürgen so sehr belastet zu haben. Lange wusste ich keinen Ausweg aus dieser Situation. Oft war ich deswegen vollkommen fertig. wie konnte ich uns beiden wirklich helfen, ohne dass einer auf der Strecke blieb. Die Lösung hat mich dann regelrecht überwältigt, weil sie doch so einfach und doch erst schwer war. Aber bald fand ich sie nur noch als glückliche Fügung, Zufall oder was auch immer. Es fühlt sich jedenfalls gut an. Der leichte Stich, den ich anfangs verspürt habe, wenn ich beide zusammen erlebt habe, verfliegt langsam. Die vielen Jahre lassen sich eben nicht so einfach abstreifen. Es können mir aber alle glauben, dass es mich wirklich glücklich macht, die beiden auch glücklich zu sehen. Jetzt kann ich auch ohne Gewissensbisse leben und dabei auch glücklich sein dürfen. Ich wünsche uns noch eine schöne Zeit zusammen. Wie lange sie auch immer dauert. Ich liebe das Leben und auch die zwei - wenn ich darf und sie es mögen.

Weihnachtsmarkt

Beim Lengericher Weihnachtsmarkt sind rund um die Kirche Buden aufgebaut und hauptsächlich einheimische Künstler, Vereine und Händler sind da zu finden. Es ist tatsächlich auch etwas kälter geworden, aber auch trocken. Ich verabrede mich mit Jürgen und Sophie, wir wollen uns am Rathausplatz treffen.

Kurz vorher bekomme ich von meiner Schwiegertochter eine Nachricht über Facebook, dass meine Enkelin mit dem Spatzenchor bei einem kurzen Gottesdienst mitwirkt. Menschen halten mir die große Kirchentür auf und ich rolle langsam durch die Krippenausstellung nach vorne Richtung Altar. Hier gibt es tatsächlich einen "Behindertenpark-platz" für Rollstühle. Vorbildlich.

Die Kinder machen ihre Sache toll, sie sind mit solch einer Begeisterung dabei. Das ist wirklich ein toller und emotionaler Auftakt für meinen Weihnachtsmarktbummel. Danach rolle ich zu unserem Treffpunkt. Und dann machen wir zu dritt unsere Runde. Wir kennen viele Leute, viele Leute kennen uns. Heute treten wir das erste Mal als

Dreiergruppe auf. Ich kann die Blicke von vielen spüren, diese ungläubigen, fragenden Blicke. Aber nicht nur. Bekannte begrüßen uns auch und wir unterhalten uns und Sophie gehört wie selbstverständlich dazu. Wir haben unseren Spaß, essen Bratwurst, na ja, ich nehme ein Stück in den Mund für den Geschmack. Ich kaufe ein Geburtstagsgeschenk und ein paar Kleinigkeiten. So langsam wird es kalt und Jürgen und Sophie bringen mich noch heim. Das war ein schöner Tag.

Mitte Dezember 2015

Das Wetter ist wirklich zum Davonlaufen. Heute regnet es dauernd und richtig hell ist es auch gar nicht geworden. Aber ich habe einen kleinen Weihnachtsbaum und leuchtenden Fensterschmuck. Das haben Jürgen und Sophie für mich gemacht. Es ist also recht gemütlich bei mir. Außerdem habe ich jetzt auch den großen Fernseher hier und kann damit auch ins Internet und Filme streamen. Klasse. Auch ein paar eigene Möbel stehen jetzt hier im Zimmer. Jetzt bin ich wirklich daheim.

Am Nikolaustag war hier im Haus ein Konzert der Musikschule. Am nächsten Tag war eine Adventsfeier mit Nikolaus und Gospelchor. Da war ich zusammen mit Jürgen und Sophie.

Wann immer das Wetter es zulässt bin ich draußen. Aber ich habe eindeutig den Sommer lieber. Das Wetter macht hier vielen Bewohnern zu schaffen. Mir ja eigentlich nicht, ich mag es nur nicht. Jürgen und mir geht es inzwischen besser. Uns tut meine Entscheidung, hier zu leben, richtig gut. Jürgen ist nach wie vor immer für mich da, nur ohne die Belastung der ständigen Präsenz.

Sylvester 2015

Jahresende - ach du meine Güte, wo ist es nur geblieben? Ich habe das Gefühl, dass es doch gerade erst begonnen hat. Es ist aber ein Jahr gewesen mit einschneidenden Veränderungen. Mein – unser - Leben ist total durcheinander gewirbelt worden. Im Endeffekt nicht zum Schlechten, aber es war schon manchmal ganz schön schwer. Ich bin krank, ja, das ist eine unabänderlich Tatsache, aber dass ich damit auch andere mit krank mache, das schmerzt sehr. Ich habe mich zeitweise ganz elend gefühlt, wenn ich gefühlt habe, wie schlecht es Jürgen geht. Auch wenn er versucht hat, das vor meinen Augen zu verstecken. Der Sommer hat sich so dahingequält. Ich war viel alleine unterwegs und auch da ist so manche Träne geflossen. Wir haben uns mehr beide wohl ziemlich alleine gefühlt mit unseren Sorgen und Nöten - jeder für sich. Dass Jürgen fast regelmäßig am Abend gut gelaunt wiedergekommen ist, habe ich schon länger nicht nur den freien Stunden zugeschrieben. Aber ich wollte nicht mehr sehen. Nur das ihm die Nachmittage gut taten, zählte. Wir haben dann ja einen für uns gangbaren Weg gefunden, einen nicht immer einfachen Weg. Der normale Alltag ist gut so zu leben. Den Jahreswechsel erleben wir zu dritt in meinem Zimmer. Still und nachdenklich stehen wir am Fenster und sehen dem bunten Feuerwerk zu. Was für ein turbulentes Jahr ist zu Ende. Was erwartet uns 2016?

Prosit Neujahr !

Neujahr 2016

Schwupps, jetzt haben wir schon wieder ein neues Jahr! Wo ist das alte nur so schnell hin. Gefühlt habe ich noch gestern unter blühenden Kastanienbäumen gestanden und den Frühling genossen. Oder ich bin bei mehr als 30 Grad durch die Felder gefahren.
Das Jahr war nicht eben einfach. Zum Glück bin ich durch den Rollstuhl noch beweglich und kann mich durch die Augen und den Computer verständlich machen.
Da es Jürgen ja nicht sehr gut ging, um es einmal vorsichtig auszudrücken, war ich oft alleine unterwegs. Und auch da ist so manche Träne geflossen. Hilflos habe ich mich gefühlt, ganz elend und die Ursache für unsere Schwierigkeiten und Jürgens Zustand gesucht.
Mein, unser Leben, ist ganz schön durcheinander gewirbelt worden. Im Endeffekt nicht zum Schlechten. Ich bin krank, ja, das ist eine unabänderliche Tatsache. Dass ich damit aber auch andere krank mache, schmerzt schon sehr.
Lange Rede, kurzer Sinn - schon ein viertel Jahr bin ich jetzt hier im Pflegeheim und habe mich gut eingelebt. Uns beiden, meinem Mann und mir, geht es gut mit meiner Entscheidung, dauerhaft hier in Pflege zu bleiben. Wir sind entspannter und sehen uns jeden Tag. Wir werden demnächst auch wieder gemeinsame Ausflüge unternehmen.
Ein Pflegeheim ist kein Ort, an dem man nur aufs Sterben wartet. Genau wie sonst auch, sollte man offen sein für Neues, nicht sitzen und dem gesunden Leben nachtrauern. Ich freue mich über Kleinigkeiten - Sonnenschein, Regen, meine singende Tischnachbarin, eine Blume, Erinnerungen und vieles mehr. Ich liebe das Leben, bin innerlich

ausgeglichen und ruhig, aber gleichzeitig habe ich keine Angst mehr, los zu lassen.

Hier jetzt einfach am Fenster sitzen und den Schneeflocken zusehen, wie sie langsam die Landschaft weiß überzuckern, dazu relativ laut Rockballaden hören (die Mitbewohner hören alle schlecht) und dann einfach ein wenig vor sich hin träumen, das finde ich herrlich. Der Körper verliert zwar immer mehr an Kraft, aber der Geist wird wacher, klarer.

Essen klappt immer noch mit viel Disziplin und Ruhe, kostet aber viel Kraft. Aber es ist wichtig, die Abläufe möglichst lange auszuführen, um in dem Bereich auch beweglich zu bleiben. Außerdem schmeckt mir das Essen.

Ich möchte gerne den Frühling und den Sommer so richtig genießen - was dann kommt, findet sich. Ich denke und empfinde positiv.

Es drückt mich zusammen,
es hockt auf der Brust.
Die Augen, sie brennen,
ich spür den Verlust.
Das Leben ist endlich,
jetzt hab ich`s erkannt!

Ich bin so verletzlich,
so stark und so schwach.
So unendlich müde
und doch stets hellwach.
So müde vom Kämpfen,
so leer und verbraucht.

Doch dann gibt's Momente,
die tun einfach gut,
ich fühl mich geborgen,
geliebt und umsorgt.
Es lohnt sich zu leben,
ist es auch schwer.

Ich möchte dir danken,
für all diese Zeit,
doch nicht nur für heute,
vielmehr für ein Leben,
das wir uns geteilt.

Die Zeit ist vergangen,
viel hat sich gelöst
das Leben, wir haben es wieder.
Ganz anders als gewohnt,
doch glücklich über unseren Gewinn;
wir sind stark zusammen,
doch nun zu dritt!

Christel Herrmann 2016

In jedem Verlust steckt ein Gewinn - das ist der Schlüssel zum Glück. Trotzdem empfinde ich manchmal Einsamkeit. Viel besser, so zu leben, als zu zweit Einsamkeit zu empfinden. Oder sogar irgendwann daran zu zerbrechen. Ich kann lachen und muss manchmal weinen. Aber wir können leben, atmen, lieben. Aber ein ganz normales Leben ist das eigentlich nicht. Es ist einfach bescheiden, wenn man krank ist und das Leben an einem vorbeizieht und man nirgendwo mithalten kann oder dazugehört. Wir denken, wir haben das Leben unter Kontrolle, aber dann macht das Leben mit uns, was es will und wirft dich mit einer Krankheit aus der Bahn. Nicht wir haben das Leben unter Kontrolle, sondern das Leben kontrolliert uns. Eins und eins ist auch nicht immer zwei sondern 1 und 1 kann auch schon mal drei sein. Aber das können etliche Menschen scheinbar nicht verstehen oder akzeptieren - oder wollen es nicht. Das tut auch schon mal weh, aber ich – wir - wollen und können darauf keine Rücksicht mehr nehmen. Mein Leben ist zu anstrengend und zu kurz dafür.
Es ist schön, wenn man jemanden findet oder hat, bei dem man nicht mehr alleine ist.

14.1.2016

Ich will so viel für das neue Buch schreiben. Viel habe ich geschrieben, aber hauptsächlich E-mails. Warum das? Als Erstes haben doch einige Menschen über meine Homepage Kontakt mit mir aufgenommen, teils, um mir einfach Mut zu machen oder weil sie Fragen haben. Selbst ein persönliches Treffen hat sich daraus ergeben. Ein relativ junger Mann , ganz in der Nähe, sozusagen einmal über den Berg, ist durch meine Homepage auf mich aufmerksam geworden und hat Kontakt mit mir aufgenommen. Wir haben uns dann zum Kaffee bei mir verabredet. Er war noch mobiler als ich. Es war ein schönes Zusammentreffen und wir wollten das wiederholen. Er ist dann wenige Wochen später verstorben. Das war doch erst ein Schock, doch dann musste ich einsehen- ist die Lebensuhr abgelaufen, ist sie abgelaufen. Leb wohl Rainer!

Dann gibt es aber auch noch die Menschen, die Hilfe und Rat bei mir gesucht haben, Menschen, die auch an ALS erkrankt sind. Hier kann ich noch helfen, indem ich Mut mache, von meinen Erfahrungen berichte, Tipps geben kann oder einfach nur "zuhöre".

Viel schreibe ich auch für die Familie, Freunde und Bekannte, da das noch die einzige Möglichkeit ist, mich mit ihnen zu verständigen und in Kontakt zu bleiben.
Dann gibt es noch einen ganz wichtigen Menschen, mit dem ich mich bei schwierigen Themen schriftlich austausche - meinen Mann. Wir haben doch oft schwierige Themen zu besprechen. Da ich ein sehr emotionaler Mensch bin, schnürt es mir die Kehle zu, Tränen kullern und ich bekomme keinen Ton mehr heraus. Wir haben für uns festgestellt, dass es viel einfacher ist, uns in solchen Fällen schriftlich auszutauschen. Ich finde dann eher die richtigen Worte für das, was ich fühle, was ich wirklich meine. Außerdem kann ich dann in aller Ruhe die Antwort lesen und verstehen. Es fällt einfach leichter, rational zu denken und zu handeln und nicht nur emotional.

25.01.2016

Was für ein Unterschied - die letzten Tage grau, kalt, Eisregen. Meine Laune - ein bisschen so wie das Wetter, etwas trübe, ständig ist mir kalt und raus kann ich bei dem Wetter auch nicht. Oh Mann, ist das ätzend. Dauernd habe ich das Bedürfnis zu schlafen. Das will ich aber nicht! Ich will wach sein, ich will leben, noch etwas erleben! Zwar ist mein Körper eine einzige Ruine, nur das Rathaus ist noch intakt, arbeitet unentwegt - und begreift doch ab und zu nicht. Befehle kommen nicht mehr an, die Leitungen sind ziemlich kaputt! Doch dann kommt so ein Tag wie heute. Sonnenschein und eine Ahnung von Frühling. Ich mache mich auf den Weg und suche mir, mal wieder, einen sonnigen Platz und genieße den ersten wirklich schönen Tag in diesem Jahr. Die Menschen lächeln zurück, einige fragen auch mal etwas oder erzählen kurz etwas. Was so ein wenig Sonne doch bewirken kann. Sogar das Innere wird bei den Menschen aufgetaut. Da sitze ich nun hier in der Sonne und tanke auf, spüre die Wärme, den leichten Wind, der mich streichelt. Einfach herrlich. Mehr als zwei Stunden bin ich draußen und mir ist kein bisschen kalt. Jetzt kann die Woche kommen, ich habe noch die Kraft und den Willen, weiter zu machen, den Kampf noch nicht aufzugeben, sondern der Krankheit die Stirn zu bieten, weiter kämpfen. Dabei habe ich auch immer noch die Unterstützung eines ganz wichtigen Menschen - meines Mannes Jürgen. Aber auch seine Partnerin hilft dabei, auch wenn einige Menschen das nicht glauben wollen. Ich denke, denen ist nicht klar, wie viel aufbauende Energie Sophie in die Beziehung gesteckt hat. Nicht um mir den Mann, die Liebe meines Lebens, wegzunehmen. Nein, sie hat ihn stark gemacht, sich die Sorgen und Nöte angehört. Sie hat

Jürgen den Rücken gestärkt für den immer schwerer werdenden Alltag. Und das ohne die Aussicht auf eine Änderung der Situation. Denn das stand nie zur Diskussion, Jürgen würde mich nicht im Stich lassen! Dass sich alles jetzt so gelöst hat, finde ich einfach gut. Jürgen hat lange versucht, seinen miserablen Gesundheits- und Gemütszustand vor mir zu verheimlichen, bzw. alles herab zu spielen. Zwar habe ich gemerkt, dass es ihm schlecht geht, aber wie schlecht, das hat nicht mal Jürgen selbst gewusst!

Ich weiß, dass wir beiden viel von Sophies Einsatz profitiert haben. Hat sie dann nicht auch ein Stück von dem Kuchen verdient? Mir wurde und wird nichts weggenommen. Das Gegenteil ist der Fall. Ich finde, das Leben von uns Dreien hat sich bereichert.

Merkwürdigerweise bin ich nicht eifersüchtig. Nein, nicht merkwürdigerweise, logisch. Wie könnte ich dem Menschen, den ich liebe, nicht ein wenig Glück gönnen - und eine Zukunft. Ich bin froh, dass Jürgen nicht alleine sein wird, wenn ich endgültig gehen muss. Das ist beruhigend für mich. Es macht mich gelöst und frei. Es nimmt mir die Last, das Gefühl eine Last zu sein. Kommt jetzt jemand mit dem erhobenen Zeigefinger um die Ecke? Ist es vielleicht gut, drei unglückliche Menschen zu haben, oder ist es besser einen unkonventionellen Weg zu gehen und die direkt Betroffenen glücklich zu wissen?! Freut euch lieber alle mit uns. Ich brauche und will kein Mitleid - warum sollte jemand leiden? - etwas Mitgefühl wäre schön! Ich bin jetzt ruhig, zufrieden und glücklich.

01.02.2016

Was für ein scheußliches Aprilwetter im Februar. Grau, regnerisch und zum Einschlafen. Ich bin ja nicht wirklich für den Winter, aber lieber klirrenden Frost und Sonnenschein, als dieses Schmuddelwetter. Gähn. Wie geht es mir, jetzt, nach 4 Monaten im Pflegeheim? Ich bin innerlich so viel ruhiger und ausgeglichener als in den Monaten vorher. Ich kann mich auf mich selber konzentrieren, wirklich auf meine innere Stimme hören. Dadurch, dass mir die Last, eine Belastung zu sein, genommen wurde, ist mein Kopf freier geworden. Frei für zum Beispiel Musik. Brauchte ich lange Zeit wirklich absolute Stille um mich, ich wurde sonst immer richtig kribbelig, unruhig und unkonzentriert. Jetzt kreisen meine Gedanken nicht mehr ständig auf der Suche nach einer Lösung des Pflegeproblems und die Sorge um Jürgens Gesundheit. Jetzt kann ich Musik wieder als Bereicherung und nicht als Störfaktor empfinden, Musik genießen. Rock, Pop, Klassik, Oldies und, und, und, je nach Lust und Laune. Ein weiterer großer Vorteil ist mein Gastzugang ins Internet durch das Pflegeheim. So habe ich unbegrenzten Zugang zu Musik und kann auch Filme streamen, da ich Amazon Prime nutze. Also, wenn ich genügend Luft hätte, würde ich oft gerne lauthals mitsingen. So bleibt es eben nur beim stummen Gesang, drückt aber auch meine innere Lockerheit und Stimmung aus. Gerade höre ich die Bee Gees und es beschwingt mich und es juckt ein wenig in den Beinen, denn die möchten zu den Stücken mittanzen. Wenn ich mich gleich ein wenig ausruhe und die Augen dabei schließe, dann tanzen die Beine ein wenig in den Gedanken. Das geht! Ich höre Santana und meine Beine bewegen sich tatsächlich etwas - gewollt. Beide Oberarme zucken begeistert mit - unkontrollierbar und total ungewollt. Na was soll`s, wenigstens bewegen sich die Arme noch irgendwie. Nur gut, dass die meisten meiner Mitbewohner schlecht hören, aber Santana muss man einfach laut hören. Ich fühle mich ein wenig in die 1970-iger Jahre zurückgesetzt.

Was habe ich für ein Glück, in eine Zeit hinein geboren zu sein, in der Frieden herrscht, in der alles möglich scheint und sich jeder frei entwickeln kann. Wir haben viele Freiheiten, von denen unsere Eltern nicht zu träumen gewagt hätten. Auch die Möglichkeiten, welche Hilfsmittel mir bei meiner Erkrankung zur Verfügung stehen. Alleine dass ich diesen Text hier mit den Augen schreiben kann und das Geschriebene vorgelesen werden kann, das eröffnet so viele Möglichkeiten.

Na, und der Rollstuhl erst, der ermöglicht mir ein recht flexibles und bequemes Leben. Die Pflege hier ist in Ordnung, die Pflegekräfte tun alle ihr Möglichstes, aber wenn viele krank sind, dann klemmt schon mal hier und da etwas. Mehr als arbeiten können sie auch nicht und immer nur eine Sache erledigen. Im allgemeinen bin ich ja ein sehr geduldiger Mensch, aber ab und an platzt es doch aus mir heraus. Aber meistens geht es auch mit einem Lachen, vielleicht sogar besser.

02.02.2016

Resilienz

Ich sitze und schalte ein wenig im Fernsehprogramm herum und bleibe bei einer Sendung hängen. Die beschäftigt sich mit dem eigenen Einfluss auf den Verlauf einer Erkrankung oder auch mit deren Bewältigung. Es gibt da ein paar interessante Ansätze. Aber dann fiel ein Begriff - Resilienz. Das bedeutet: abprallen. Manche Menschen verarbeiten traumatische Erlebnisse oder auch eine schlimme Erkrankung besser als andere. Ich hatte schon als Kind oft Angst, die vor mir liegenden Aufgaben nicht erfüllen zu können. Deshalb habe ich eine Strategie entwickelt, die mir in fast allen schwierigen Lebenssituationen geholfen hat. Ich habe mich den Aufgaben gestellt, indem ich mich quasi selbst neben mich gestellt habe und aus sicherer Entfernung meinen Aktivitäten zugesehen habe. Nur so konnte ich mich am Unterricht beteiligen, später in Elternvertretungen mitarbeiten, Behördengänge erledigen und mich im Leben zurechtfinden. Ich habe so mein Leben meistern können. Bis zu der Diagnose. Da hatte ich das Gefühl, alles stürzt zusammen. Dieses hielt aber nicht lange an, schließlich gibt es nicht nur schwarz und weiß, sondern viele Grautöne und noch mehr Farben. In jeder Krise steckt auch eine Chance. Ich bin also wie ein Ball, den man an die Wand geworfen hat, zurückgesprungen, habe meine durch den Aufprall lädierte Form wieder zur Ursprungsform zurückspringen lassen - und da waren sie wieder, die vielfältigen Farben des Lebens. Meine Empfindungen für mein Leben sind Dankbarkeit, Freude, Zuversicht - einfach Glück. Für mich ist ein Glas eben immer halb voll und nicht halb leer! Lachen ist die beste Medizin.

Ich denke, ich habe einfach durch meinen lebenslangen Kampf mit mir selber gelernt, mit unabänderlichen Tatsachen recht gut zu leben. Das nennt sich Resilienz.

Ich lebe, ich gehe auch Risiken ein, gehe unter Menschen, nehme am Straßenverkehr teil, esse und trinke, obwohl ich mich verschlucken könnte, unternehme etwas, obwohl es mich Kraft kostet. Also - ich lebe ganz einfach, ohne Angst.

Schlaflabor

08.02.2016

Es ist mal wieder so weit, das Schlaflabor steht an. Diesmal steht mir der Sinn so gar nicht danach. Wieder aus der gewohnten Umgebung heraus. Wieder auf andere Menschen eingehen, wieder und wieder erklären müssen, ohne reden zu können.
Der Morgen im Pflegeheim klappt wieder gut und wir können wie geplant mit meinem blauen Spielmobil starten. Ich bin etwas niedergeschlagen und entsprechend still verläuft die Fahrt.
Die Aufnahme ist schnell erledigt und es geht auf die Station. Mit etwas hin und her bekomme ich doch wieder mein Einzelzimmer. So kann ich mich mit dem Rollstuhl gut bewegen.
Hier sitze ich, hoch über Münster und sehe den fliegenden Wolken zu. Das ist ein toller Panoramablick - auch über die Altstadt. Dabei höre ich etwas lauter Musik (auf Wunsch des Personals). Ich bin diesmal am Rosenmontag in Münster. Es ist sehr stürmisch und der Wind heult ganz schön um die Bettentürme der Uniklinik. Aber ich werde keine fliegenden Jecken am Fenster vorbei segeln sehen, denn der Rosenmontagszug wurde vorsichtshalber abgesagt. Es ist ziemlich still auf der Station, eigentlich wie immer hier, wo fast nur Patienten des Schlaflabors sind.
Zwischen 18 und 20 Uhr werde ich dann verkabelt und um 22 Uhr ins Bett gebracht. Ich bin dann nach fünf Minuten eingeschlafen.
In der Nacht gibt es keine Auffälligkeiten.

Ich bin wieder in Lengerich. Mein Aufenthalt in Münster war ziemlich anstrengend, aber das Ergebnis war wenigstens positiv. Die Werte haben sich nicht sehr verändert und die Geräteeinstellungen können so bleiben. Mein Schlaf ist wieder sehr gut mit den verschiedenen Schlafphasen. Das war schon mal anders. Ich bin innerlich jetzt wieder sehr ausgeglichen und ruhig. Ich bin aber doch froh, wieder daheim zu sein. Es ist wesentlich besser, wenn die Pflegenden einen gut kennen.

13.02.2016

Ich wache auf und freue mich - ich sehe tatsächlich schon ein bisschen mehr Helligkeit draußen.
Tatsächlich, blauer Himmel und eine strahlende Sonne. Es hat gefroren und Raureif glitzert überall weiss.
Die Morgenpflege wird von Michaela routiniert aber gründlich erledigt. Heute kommt Frau Dr. Apelt und pünktlich um zwei Minuten vor halb zehn sitzt unsere Christel gut gelaunt im Rollstuhl. Jürgen ist auch schon da. Die nächsten 1 1/2 Stunden verbringen wir zu dritt bei interessantem Gespräch. Wir haben unsere 14-tägige Gesprächsrunde wieder aufleben lassen, denn wir haben immer wieder das Bedürfnis, mit jemandem mit Kompetenz und Einfühlung zu sprechen. Und das ist Frau Dr. Apelt. Sie hat immer wieder gute Tipps, kann gut zuhören und ist auch einfach nur Mensch. Die Zeit vergeht wieder wie im Flug.
Nach dem Mittagessen lasse ich mich warm anziehen und fahre raus, raus in die Sonne, in die frische klare Luft.
Mein Ziel ist die LWL Klinik. Da suche ich mir einen schönen und sonnigen Platz - und genieße, atme so tief durch, wie es mir möglich ist. Ich tanke auf, fülle die fast leeren Akkus wieder auf.
Anschließend fahre ich noch in die Innenstadt. Da stehe ich auch in der Sonne - und lächle. Einige Menschen sprechen mich an und ein kleines Mädchen hüpft lachend heran und ruft :"Hallo! " und hüpft weiter. Die Mutter dreht sich um und grüßt auch. Ja, manchmal sind Kinder das Vorbild.
Gut gelaunt kehre ich nach fast drei Stunden in mein Zimmer zurück. Hier erwartet mich eine gut gelaunte Schwester Anja und verabreicht mir die Sondenkost, etwas püriertes Obst, leert den Urinbeutel und bringt den Tobi, den Sprachcomputer, an. "Was halten sie von einem Lied? "fragt sie und trällert gleich los. Danke für das Ständchen.

Eine Mail an meine Freundin, die auch meine Ergotherapeutin ist, oder umgekehrt. Sie hat ein besonderes Talent und kann die Menschen spüren. Umgekehrt versuche ich, meine Wahrnehmung zu beschreiben.

„Hallo Dagmar,

ich will versuchen, meine Wahrnehmung von heute zu beschreiben. Wie du ja schon richtig festgestellt hast, ging es mir heute schon besser als in der letzten Zeit. Die Behandlung heute habe ich wie folgt empfunden. Zuerst fühlte es sich an, als ob in meinem Körper alles durcheinander quatscht und läuft. Du hast dann quasi angeklopft und um Ruhe gebeten. Und wie in einer Menschenmenge dauert es einige

Zeit, bis alle das mitbekommen und endlich alles ruhig ist und darauf warten was passiert. Es herrschte dann auch in mir gespannte, neugierige Ruhe. Dann setzte ein Gefühl ein, als ob sich die Körperfasern entwirren und wieder parallel zueinander laufen. Ohne störende Knoten und gegenseitige Behinderungen. Einiges floss gefühlt am Körper herunter. Ich habe mir regelrecht Tropfen vorgestellt, die an den Fußstützen entlang laufen. Ich fühle mich jetzt sehr gut, höre laut Musik und wünsche dir noch einen schönen Tag.

Ganz viele liebe Grüße von

Christel"

März 2016

Ich will endlich wieder einfach nach draußen können, ohne viel anziehen zu müssen. Die Tage sind alle so gleich, gehen so schnell um und sind dann einfach weg, ohne irgendwelche Spuren im Kopf zu hinterlassen.
Ich gehe gerne ins Bett. Hier bekomme ich gut Luft durch die Atemhilfe, es ist kuschelig warm und irgendwie gemütlich. Ich brauche wirklich nur meine zwei Schlafpositionen, Bewegung vermisse ich hier nicht. Selbst wenn ich wach liege, macht das nichts. Ich träume, ich denke, ich fühle. Und doch vermisse ich etwas - Haut. Nicht einfach Haut, davon habe ich eigentlich selber genug. Nein, ich vermisse Haut auf Haut, warme Haut, Leben. Manchmal meine ich das zu spüren, im Halbschlaf kuschelt sich etwas an den Rücken, stärkt mich, tröstet. Welch ein Glück, dass ich Phantasie und ein recht gutes Gefühls-gedächtnis habe. Ich kann Gerüche denken, Stimmungen, Glück.
Ich spüre jeden Tag die Hände von anderen Menschen auf meiner Haut, das kann ich ja inzwischen ganz gut akzeptieren. Aber eben nur akzeptieren, tolerieren, das hat so gar nichts mit Genuss zu tun. Obwohl die Körperpflege natürlich sehr zum guten Gefühl beiträgt. Doch manchmal bin ich richtig sauer auf - worauf eigentlich? Auf irgendwen, irgendwas muss man doch sauer sein können. Doch, meistens liebe ich mein Leben, auch jetzt noch. Nur ab und zu fühle ich mich betrogen um einen Teil des Lebens mit Jürgen.
Träumen, sitzen und abtauchen in schöne Zeiten.
Ich sitze und der Speichel läuft mir aus dem linken Mundwinkel über die Wange bis hinunter zum Hals. Ooooggghhhh! Ich fühle mich nur noch als Anhängsel an das normale Leben der Menschen, die ich liebe. Wie eine Marionette, der man die ganzen Fäden durchgeschnitten hat.

Immer bin ich außen vor, nicht mal besuchen kann ich die meisten. Treppen verhindern das. Das bedrückt mich im Moment sehr.

März 2016

Rollstuhl kaputt

Der Rollstuhl ist mein wichtigster und zuverlässigster Partner über den Tag. Für etwa 16 Stunden. Dann hat er Pause. Doch irgendwann hat er begonnen zicken zu machen. Mal reagiert der Joystick nur langsam. Mal klemmt ein Schalter. Der Reparaturdienst wird informiert. Das kann dauern. Ich arrangiere mich und spreche dem Rollstuhl gut zu und fahre auch nicht mehr weit raus. Manchmal muss jemand auf einen Schalter an der Rückenlehne tippen, damit vorne der Joystick reagiert. Sensibelchen. Na, irgendwie geht's immer noch. Manchmal braucht er eben etwas Zeit.

Da stehe ich also auch mal wieder in der Stadt und schaue. Dann will ich wieder los und bewege den Joystick - nichts. Ich drücke den Umschaltschalter - nichts. Nicht gut. Abwarten. Ich suche mir eine junge Frau aus die mich nett ansieht und versuche etwas zu sagen. Natürlich versteht sie mich nicht, ich bin zu leise und spreche zu undeutlich. Aber sie kommt auf mich zu und sieht mich fragend an. "Kann ich ihnen helfen? " fragt sie und kommt näher. Ich versuche Worte zu bilden - Rollstuhl hinten rot Schalter drücken. Das wiederhole ich und das Fragezeichen auf ihrem Gesicht wird etwas kleiner. Sie geht hinter den Rollstuhl. "Einfach auf den roten Schalter drücken? " fragt sie - ich bejae das und sie drückt. Ich versuche den Joystick zu bewegen und - nichts. Ich bitte die Frau den Schalter noch einmal zu drücken. Und siehe da, der Rollstuhl reagiert wieder. Wir strahlen uns beide an, die junge Frau und ich. Beide sind wir froh, dass das so geklappt hat. "Alles Gute. "sagt sie und geht offensichtlich gut gelaunt weiter.. Ich rolle ebenso gut gelaunt in die andere Richtung davon. Es ist kein gutes Gefühl so vollkommen hilflos in der Gegend herum zu stehen, aber es ist ein tolles Gefühl, wenn man auf so hilfsbereite Menschen trifft. Ich muss allerdings auch sagen, dass ich bis jetzt immer auf Hilfsbereitschaft gestossen bin. Bis auf einmal. Da habe ich einer jungen Frau nicht Platz gemacht, als wir uns auf gleicher Höhe in der Fussgängerzone entgegen kamen. Sie musste also zwei Schritte beiseite gehen und hat sich dann lautstark darüber beschwert. Ich habe gar nicht darauf reagiert und bin weiter gefahren. Ich lege mich doch mit solchen Menschen nicht an.

Wie ein Käfer

Ein paar Tage später sitze ich gemütlich im Rollstuhl, eingepackt in eine Decke, vor dem Fernseher. Ich möchte meine Sitzposition verändern und stelle das Fussteil etwas höher. So, nun die Rückenlehne noch etwas nach hinten und dann wird's gemütlich - denkste. Die Rückenlehne schnurrt unaufaltsam immer weiter zurück - bis er die Sitzfläche von dem hinter mir stehenden Stuhl erreicht und diesen laut rumpelnd beiseite drückt. Die Endposition ist erreicht und ich liege mit überstrecktem Rücken etwas verdutzt im Rollstuhl. Die Beine hoch, Kopf nach unten - und der Rollstuhl reagiert nicht mehr. Den durch den Krach aufmerksam gewordenen Schwestern gelingt es auch nicht, ihn zur Mitarbeit zu bewegen. Retter in der Not ist mal wieder mein Mann, der sofort kommt, nachdem alle Versuche der Schwestern und von mir dem Stuhl noch irgendwelche Lebenszeichen zu entlocken, gescheitert sind. Inzwischen habe ich einen etwas roten Kopf wegen meiner etwas merkwürdigen Lage. Weil ich mich aber auch beharrlich weigere, den Rollstuhl zu verlassen. Jürgen zieht sämtliche Stecker und stellt die Verbindungen wieder her. Und tatsächlich, nach einigen Versuchen kann er die Rückenlehne wieder aufrichten. Puh, geschafft. Aber das war es auch schon, der Rollstuhl verweigert die Mitarbeit. Mein Mann entriegelt den Rollstuhl, damit man ihn schieben kann und stellt ihn in die Ecke. Er hilft noch mit, mich ins Bett zu bringen und ist dann, es ist schon fast Mitternacht, auch wieder weg. Im Bett geht mir das Alles noch einmal durch den Kopf. Es ist ja nicht wirklich etwas passiert und deshalb muss ich lachen - ich sehe mich selbst dort hängen und das sieht einfach zum lachen aus. In dieser Nacht schlafe ich ausgesprochen gut.

Die nächsten Tage verbringe ich in einem Pflegerollstuhl. Ist natürlich besser als gar nichts. Dann kommt endlich der Reparaturdienst und bringt den Rollstuhl wieder so weit in Ordnung, dass ich ihn wieder benutzen kann. In die Werkstatt muss er aber doch noch für einen Tag, damit ich neue Reifen bekomme und andere Teile noch ausgetauscht werden können. Mann, was heize ich auch immer durch die Gegend.

Muskelsprechstunde

Jetzt im März ist es wieder soweit - ich muss nach Münster zur Muskelsprechstunde. Ich schreibe mir vorher immer auf, was ich für Fragen habe, aber auch, was ich für Informationen über den Krankheitsverlauf geben kann.

Diesmal habe ich Fragen zur Beatmung. In diesem Gespräch wird meine derzeitige Einstellung dazu gefestigt. Ich möchte keine dauerhafte Beatmung, ich möchte die Gelegenheit haben können, gegebenenfalls mit Medikamenteneinsatz gegen das Gefühl des Erstickens, mich langsam aus dem Leben zu verabschieden. Ich finde auch gut, dass diese Überlegungen von den Ärzten akzeptiert werden und nicht dazu geraten wird, dass doch ja alles getan werden muss, was die Medizin möglich machen kann. Nicht jeder wird meiner Meinung sein, das muss auch wirklich jeder ganz für sich entscheiden. Aber jemand, der nicht in meiner Haut steckt, kann mir keine Ratschläge geben. Denn sich etwas vorzustellen und etwas zu erleben ist etwas nicht Vergleichbares. Vielleicht denke ich in einem halben Jahr anderes und stimme einer Beatmung zu. Aber darüber spreche ich dann mit den Ärzten und meinem Mann und natürlich meiner Hausärztin..
Dieses mal bin ich in meiner Überlegung gefestigt. Es wird noch dies und das besprochen. Ja, es sind meist schwierige Themen, aber es tut gut, darüber sprechen zu können. Es nimmt mir doch etwas den Druck und gibt auch Jürgen Sicherheit, da er ja meine Einstellung zum Tod und den Weg dahin kennt. So ist dieser Termin auch wieder wichtig und nachdenklich aber auch erleichtert fahren wir zurück.

Mal kurz gelacht

Ich sitze so vor mich hin und höre Musik. Ein Pfleger schaut nach, ob alles in Ordnung ist. Ich möchte wissen, ob die Sondenkost schon durch ist und schreibe es auf. Der Pfleger liest, grinst und sagt nichts. Ich lasse den Computer vorlesen - und dann muss ich laut loslachen, der Pfleger stimmt mit ein. Was hatte ich geschrieben? Ist Sondenkost schon durch? Sollte da eigentlich stehen. Was stand da aber - ist Sondenkot schon durch? Zugegeben, das Zeug sieht ja tatsächlich so aus, wie schon durch den Körper gewandert... Wir glucksen noch eine Weile vor uns hin - lachen ist gesund!

Aquarium

Das Aquarium hat mich ja einige Zeit sozusagen begleitet. Stundenlang konnte ich davor sitzen und einfach nur geniessen. Das war alles so beruhigend, so spannend und hat mich oft abgelenkt. Aber das konnte ich ja nicht ins Pflegeheim mitnehmen. Um so glücklicher bin ich, dass die Fische bei meinem älteren Sohn ihr neues Zuhause haben. Die Enkelkinder sind auch begeistert und haben den Fischen schon Namen gegeben. Jetzt schmerzt der Verlust nicht mehr.

Informationen

18.3.2016

Ich möchte einfach noch einmal kurz meine Situation, meinen Zustand, meine Möglichkeiten aufzeigen.

Meine Erkrankung hat inzwischen viele Nervenbahnen zerstört. Deshalb muss ich meinem Körper immer quasi sagen, was er wie zu machen hat, alles denken. Kauen denken.. Was muss die Zunge, die auch nicht mehr voll funktionsfähig ist, tun, was die Kaumuskulatur. Wie geht schlucken? Atmung kontrollieren! Denken, denken, denken. Genauso auch beim Zähne putzen, hinstellen, stehen, setzen, umsetzen. Konzentration auf der ganzen Linie Dazu brauche ich oft Zeit. Nicht alles Schlag auf Schlag direkt hintereinander. Zwischendurch zu Atem kommen, dann den nächsten Schritt angehen.
Wenn ich versuche etwas zu sagen, mich bitte ansehen. Wenn ich nicht verstanden werde das auch bitte sagen und nicht so tun als ob ich verstanden wurde. Ich lache auch gerne mal mit bei Missverständnissen.
Meine Situation und meine Möglichkeiten ändern sich oft sehr schnell. Wenn dann jemand lange nicht da war oder gar noch nie etwas direkt mit meiner Pflege zu tun hatte, macht mich das unsicher und kostet mich zusätzlich viel Kraft. Kraft, die ich eigentlich nicht mehr habe. Ich will niemandem etwas und spreche auch niemandem Kompetenz und Können ab. Ich möchte mich nur frühzeitig auf die Pflege einstellen können. Überraschungen verunsichern mich, machen mir tatsächlich Bauchschmerzen. Kosten einfach nur unnötig viel Energie.

Quantenmedizin

Neulich habe ich von einer Frau gehört, die gerade ihre ALS Diagnose bekommen hat. Natürlich herrscht dann Chaos in einem und man möchte nach jedem Strohhalm greifen. Und bei dieser Frau kam jetzt ein Quantenmediziner als letzte Hoffnung zur Sprache.
Nach Recherchen im Internet bin ich davon überzeugt davon, dass es ziemlicher Humbug ist. Es werden Diagnosen gestellt und Hoffnung geweckt - und alles kostet viel Geld.
Ganz klar geht es einem kurzfristig besser, wenn eine tödliche Diagnose scheinbar widerlegt wird. Ich kann nur hoffen, dass es kein böses Erwachen gibt. Der Fall ist dann um so schmerzhafter.

05.04.2016.

1/2 Jahr.....
Ich kann es selbst kaum glauben, aber ein halbes Jahr ist jetzt schon um. Eine Zeit mit vielen Änderungen in meinem Leben, unserem Leben. Tief einschneidende Veränderungen, elementare Einschnitte. Eines vorausgeschickt - ich bereue meine Entscheidung keinesfalls, bedaure nur die Reaktion von einigen Menschen, die mir sehr viel bedeuten. Die negativen Reaktionen der meisten anderen Leute sind mir allerdings ziemlich egal. Es gibt da aber auch viele Menschen, die meine Einstellung zu unserer Beziehung gut finden oder zumindest akzeptieren. Das tut uns Dreien gut.

20.4.2016

Heute früh wache ich auf - und bin traurig. Warum? Ich habe keine Ahnung. Jedenfalls kullern bei der Morgenpflege Tränen. Marat, der Pfleger, nimmt mich in den Arm und versucht, mich zu trösten. Ich kriege mich auch schnell wieder ein und weiter geht es. Der Morgen verläuft dann ohne besondere Ereignisse. Dagmar, die Ergotherapeutin, bringt erst einmal wieder etwas Schwung in Arme und Hände, indem sie alles dehnt und die Durchblutung durch Bürstenmassage anregt.

Jürgen ist vor Mittag hier, wir besprechen dies und das. Ich freue mich über die regelmäßigen Besuche, geben sie mir doch gewisse innere Sicherheit und Ruhe. Kurz vor eins zieht es mich einfach nach draußen.

Dann stehe ich fast zwei Stunden in der Sonne im Generationenpark, döse vor mich hin und tanke auf. Gut gelaunt und mit neuer Energie lege ich einen kurzen Boxenstopp in meinem Zimmer ein. Hier wird aufgetankt - Sondenkost - und wieder geht es raus. Endlich kann ich wieder meine Lieblingsplätze erreichen - LWL Gelände, die alte Kapelle und andere Plätze im Wald und am Waldrand. Da stehe ich nun, die Sonne scheint vom wolkenlosen, blauen Himmel und wärmt die Haut, mein Inneres. Eine Weißdornhecke leuchtet in der Sonne genau wie das frische Grün rundherum und die gelben Blüten des Löwenzahn. Da stehe ich nun, atme so tief durch, wie es mir möglich ist und genieße mit allen Sinnen. Mir fällt der kleine Tiger von Janosch ein. "Oh wie schön ist Panama!" Ich finde, oh wie schön ist die Natur, ist das Leben!

Wieder habe ich eine schwierige Zeit überstanden, nein, haben wir. Für mich waren die letzten Winter immer eine besondere Herausforderung. Kalt, dunkel, oft keine Möglichkeit, an die Luft zu kommen. Schlicht: gar nicht schön. Der letzte Winter war aber noch eine größere Herausforderung. Die Welt wurde ein wenig auf den Kopf gestellt, Perspektiven haben sich verschoben. Ich habe mich mit der Situation arrangiert, fühle mich gut aufgehoben.

25.4.2016

Ich bin ein Mensch auf der Entschleunigungsspur. Absolut nichts geht noch eben mal schnell. Selbst wenn ich das unbedingt möchte. Nix da, funktioniert nicht. Fast alles muss ich meinem Körper erklären. Jeden Tag neu und immer wieder. Und bei manchen Dingen nützt das alles nichts, der Teil des Körpers versteht einfach nicht mehr, was ich von ihm will! Besonders frustrierend ist, dass mich kaum noch jemand versteht. In meinem Kopf ist doch alles klar formuliert, nur die Zunge weigert sich, zu tun, was ich ihr zu tun befehle. Genügend Luft habe ich auch nicht. Und wenn mal beides passt - muss ich unter Garantie husten! Mist. Und liebe Leute, nur weil ich nicht sprechen kann, bin ich nicht schwerhörig oder habe nur Grütze im Kopf. Lächelt mich aber jemand einfach mal an - dann geht ein klein wenig die Sonne auf, besonders bei Kindern. Die sind offen und ehrlich. Da hatte ich neulich ein nettes Erlebnis. Ich bin durch ein Geschäft gebummelt, hinter mir eine Frau mit ihrer ungefähr achtjährigen Tochter. "Mama, was hat die Frau da hinten dran?" "Meinst du am Rollstuhl die Flasche? " "Ja, und das Dings darunter. " Die Frau erklärte nun ihrer Tochter die Funktion einer Pumpe für die Sondenkost. Ich drehe mich mit dem Rollstuhl zu den beiden um, lächele die beiden an und nicke und fahre weiter. Die beiden gehen weiter hinter mir her und die Frau erklärt dem Mädchen genauer, wie das mit der künstlichen Ernährung funktioniert. Die Kleine überholt mich, strahlt mich an, winkt und läuft wieder nach hinten. Solche Menschen tun einfach gut!

Zahnarzt

Zweimal im Jahr gehe ich zur Vorsorge und zur gründlichen Zahnreinigung zum Zahnarzt. Meine Möglichkeiten und mein Zustand verändern sich in diesem halben Jahr meist sehr. Auch hier ist ein kurzer Text, den ich in den Tagen vor diesem Termin schreibe, eine große Hilfe. Hier mal so ein Text:

Ich muss sehr oft schlucken, selbst wenn es eigentlich nichts zu schlucken gibt Wenn ich schlucken muss, dann kann es einige Sekunden dauern, bis ich wirklich schlucken kann. Dabei macht mein Mund Kaubewegungen. Manchmal krampft die Mund- und Kiefermuskulatur. Das dauert meist nicht lange. Da muss man nur warten.
Ich kann den Mund nicht mehr richtig ausspülen. Auch muss ich sehr aufpassen dass ich mich nicht verschlucke. Falls ich mich doch mal verschlucke - Ruhe bewahren. Es sieht vielleicht beängstigend aus, aber die Verkrampfung, die durch das Verschlucken ausgelöst wurde, löst sich am schnellsten, wenn Ruhe bewahrt wird. Es hört sich auch beängstigend an, wenn ich wieder Luft bekomme, aber die Verkrampfung löst sich nicht schlagartig, sondern Stück für Stück. Es dauert also etwas, bis ich wieder normal atmen kann. Ich kann nicht mehr richtig kauen, lediglich etwas Breikost kann ich noch essen, trinken gar nicht mehr. Die rechte Seite der Zunge ist funktionslos, daher kann ich Essen auch nicht mehr im Mund bewegen und auch nicht mehr sprechen. Was aber nicht heißt, dass ich nichts zu sagen hätte.
Mir fehlt nichts, lediglich rechts oben verspüre ich manchmal so ein Druckgefühl.

Mit solchen Hinweisen kommen wir gut zurecht. Die Mitarbeiterin, die die Zahnreinigung vornimmt, nimmt sich viel Zeit dafür und gönnt mir immer wieder eine Pause. Gut auch, dass ich den Rollstuhl so verstellen kann. Bald besser als der Behandlungsstuhl vom Zahnarzt.

Der Zahnarzt, wir kennen uns auch schon lange, findet dann meist keinen neuen Defekt an den Zähnen. Er erzählt dann oft noch etwas und dann bin ich auch schon entlassen. Mein Mann kommt immer mit, schon wegen der etwas schwierig zu befahrenden Rampe am Praxisaufgang. Da fährt er mich inzwischen mit Hilfe der Begleitsteuerung hoch. Da fühle ich mich doch sicherer.

Sicherheit als Kind

1965

Wenn ich als Kind alleine unterwegs war, hatte ich nie Angst. Die machten mir nur andere Menschen. Wir hatten damals einen Motorroller und mit dem sind mein Vater und ich ab und zu losgefahren. Ohne Helm, aber dafür mit Angelzeug. Zum Kanal oder zu anderen Angelgewässern des Angelsportvereins. Da habe ich hinten auf dem Motorroller gesessen, habe mich an meinem Vati festgehalten, die Nase in den Wind gehalten und war der glücklichste Mensch auf der Welt. Stundenlang konnten wir dann die Würmer baden und still nebeneinander sitzen und den Augenblick genießen, die Ruhe, die geradezu zum Denken einlud. Es war egal, ob wir etwas gefangen haben oder nicht, das hier und jetzt zählte. Dieses Glücksgefühl hat mich mein Leben lang begleitet und tut es noch immer.

Schweigen

16.5.2016

Warum lebe ich noch oder wozu?
Das frage ich mich schon manchmal - aber nicht oft. Manchmal, wenn ich ein älteres Paar sehe, das nebeneinander mit ihren Rollatoren durch die Gegend schuckelt, ja dann werde ich ein wenig wehmütig. So hatte ich es mir für uns auch vorgestellt, unser gemeinsames Alter. Gemeinsam ist das Zauberwort. Aber jammern bringt nichts. Dadurch ändert sich nichts. Ich habe mich arrangiert mit dem Leben, mit meinen Möglichkeiten, mit der Form, wie wir jetzt zu dritt leben, uns gegenseitig stützen. Wobei, meine Unterstützung liegt wohl darin, das ich mein Leben lebe, ohne zu klammern. Gerne würde ich aber doch ab

und zu gemeinsam von einem Thema schweigen. Das ist bei uns so ein geflügeltes Wort geworden. Es ist entstanden auf unserer Norwegenreise mit dem Postschiff. Wir haben dort ein altes Ehepaar kennengelernt und uns lange mit diesem sympathischen Paar unterhalten. Die beiden hatten 1939 ihre Hochzeitsreise mit dem Postschiff gemacht. Das wollten sie am Lebensende wiederholen. Wie die beiden miteinander umgingen, vertraut, liebevoll und voller Verständnis für den jeweils anderen. Sie verloren nicht mehr allzu viele Worte, sie verstanden sich auch ohne Worte. Dann erzählten sie dass sie oft zusammensitzen und - schweigen würden. Bis einer dann meint "Komm, lass uns jetzt mal von etwas anderem schweigen! " Ja, so wollten wir auch gerne werden. Wir waren auch auf gutem Wege. Nur hat meine Erkrankung dann einen Strich durch die Rechnung gemacht. Inzwischen muss ich immer öfter schweigen, weil ich nicht mehr verständlich reden kann. Aber so wollte ich das nicht verstehen. Nach fast 46 Jahren hätten wir auch gut zusammen laut schweigen können. Das ist eine Sache, die wirklich sehr weh tut, diese Vertrautheit nicht mehr zu haben - alleine schweigen zu müssen.

29.05.2016

Oft ein Tabuthema

Ich sitze auf der Toilette, nein, nicht ganz richtig. Ich sitze auf dem Dusch-Toilettenstuhl und der passt über die Toilette. Hier sitze ich also und horche in mich hinein. Um Kraft zu sparen, versuche ich den Toilettengang gleich morgens vor der Morgenpflege zu erledigen. Dazu muss ich meinen Darm "erziehen", dass er gleich morgens anfängt zu arbeiten. Aktiv kann ich da überhaupt nicht mithelfen. Dazu reicht meine Kraft einfach nicht mehr aus. Das muss mein Darm alleine erledigen. Da sitze ich also, betrachte die Bodenfliesen, suche in der Schattierung Figuren, Tiere oder Gesichter zu erkennen; gleichzeitig meinem Innenleben zu erklären, dass es an der Zeit ist, zu arbeiten. Tatsächlich gelingt das in den meisten Fällen auch. Einen Nebeneffekt hat das auch noch: meine Nase tropft munter vor sich hin, da ich vornübergebeugt sitze. Prima, kann ich doch auch nicht mehr schnauben.
Es riecht nicht gerade nach Rosen, wenn ich fertig bin. Ich sage es mal wie es ist - es stinkt heftig, hauptsächlich durch die Sondenkost. Dann geht es aber auch endlich an die Körperpflege. Das tägliche Duschen ist mir sehr wichtig. Erst dann fühle ich mich

wach und frisch. Zumal ich immer noch auf meiner eiskalten Dusche zum Abschluss bestehe. Guten Morgen für den Körper und die Seele.

Unsere Ausflüge

Was bin ich froh, dass wir das blaue Auto haben. So haben wir immer mal einfach die Möglichkeit, Ausflüge zu unternehmen. Mal einfach nach Ibbenbüren, den Aasee umrunden mit Zwischenstopp an einer Bank oder im Café. Zweimal waren wir in diesem Jahr im Rhododendronpark und in Bad Zwischenahn. Weitere Ziele: Bad Iburg, der Zoo in Rheine, Lingen oder nur einfach hier ein Trip in die Umgebung. Ansonsten bin ich viel im Garten. Hauptsache draußen.

Im „Park der Gärten" in Westerstede

Im Rosenpark in
Bad Rothenfelde

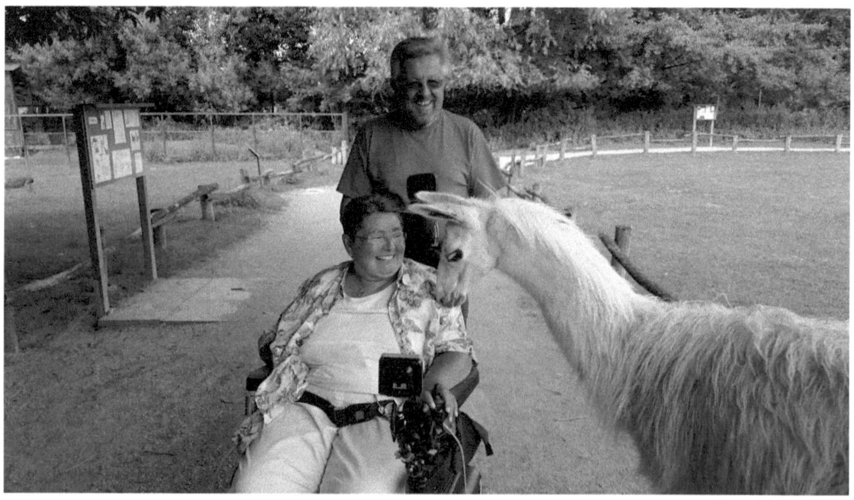

Eines meiner Lieblingstiere im Naturpark in Rheine

Bildtitel: Der Affe sitzt rechts (Auch eine Art meines Humors)

Ende Mai

Oh wie liebe ich das – Sonne, blauer Himmel und die Wärme, 25 bis 30 Grad. Ich bin viel draußen und tanke auf, sammle Kraft, kann mich entspannen. Immer wieder werde ich gefragt, ob es mir nicht zu warm wäre, ob ich denn so viel Sonne haben könne und, oh wie braun ich doch schon wäre. Ja, ich kann das gut haben und nein, es ist mir egal wie schädlich so viel Sonne ist. Das ist der Vorteil meiner Erkrankung - darüber brauche ich mir keine Gedanken mehr zu machen, dafür lebe ich nicht mehr lange genug. Na ja, irgendeinen Vorteil hat sie wenigstens.
Leider hält die Wärme nicht lange an und es ist wieder Pulloverwetter. Mir geht es immer noch recht gut. Leider wird die Schublade mit den gebrauchten Tagen nie leer und immer wieder greife ich ganz tief da hinein. Kopfschmerzen, Muskelzittern, Muskelschmerzen, vollkommene Kraftlosigkeit und ich bin dann manchmal so unsagbar müde, ohne schlafen zu können. Dabei bekomme ich die Augen kaum auf. Schreiben kann ich dann auch nicht, da die Augen flattern und unruhig hin und her huschen, ohne dass ich das irgendwie beeinflussen könnte. So gehen viele Gedanken einfach flöten, weil ich sie nicht festhalten

kann. Dabei ist das ja fast das einzige, was ich noch uneingeschränkt kann: denken. Glaube ich wenigstens.

Gebrauchten Tagen gehen oft miese Nächte voraus. Die Maske rutscht oder mir tut etwas weh oder juckt unentwegt oder ich weiß nicht, warum ich eigentlich nicht schlafen kann. Aber oft scheint es keinen ersichtlichen Grund für den gebrauchten Tag zu geben. Dann eben nicht.

Eine Mail an eine Freundin

„Hallo,
ich möchte dir hier eine ausführlichere Antwort auf deine Frage geben. Ob ich das haben kann, dass Jürgen mit Sophie zusammen ist. Früher war ich eifersüchtig, sehr eifersüchtig. Obwohl Jürgen mir nie wirklich einen Grund gegeben hat. Aber das ist wohl normal, wenn man sich liebt. Wenn du aber siehst, dass eben dieser Mensch langsam vor die Hunde geht, sich selbst zerstört, dann tut das so verdammt weh. Dann suchst du verzweifelt nach einer Lösung, denn du, oder vielmehr deine Erkrankung ist die Ursache für diese Situation. Man kann zwar nichts dafür und trotzdem fühlt man sich irgendwie schuldig. Das Leben ist auf den Kopf gestellt. Ohne Hilfe schafft man das nicht, das mussten wir erkennen. Für Jürgen wäre es fast zu spät gewesen. Da hat es sich mit Sophie ergeben. Sie war bald eine große Stütze für ihn. Eine tägliche kleine Flucht aus der schier nicht enden wollenden Verantwortung und Arbeit. Er wurde und wird aufgefangen, es ist wieder eine Perspektive da. Ob ich etwas geahnt habe? Ja, irgendwie schon, aber wirklich etwas wissen wollte ich zu dem Zeitpunkt noch nicht. Na, und wie das Leben so spielt, haben wir genau den richtigen Zeitpunkt erwischt. Und ich war selbst erstaunt, dass ich nicht eifersüchtig war und es auch jetzt nicht bin. Mir ist es einfach ganz wichtig, dass Jürgen wieder leben mag, leben möchte, eine Perspektive hat. Unsere Liebe ist zu Vertrautheit, Respekt, Verantwortung füreinander geworden. Kann ich da eifersüchtig sein? 46 Jahre sind eine lange Zeit, aber wir haben uns nie aus den Augen verloren, haben den anderen immer als Teil unseres Selbst empfunden. Auch jetzt noch. Was aber auch heißt - man gönnt dem anderen auch ein eigenes Leben und ich empfinde dabei keine Eifersucht, weder gegenüber einem anderen Menschen, noch der Tatsache, dass der Partner wahrscheinlich länger leben wird. Das kann man sicher nicht pauschalieren und lässt sich nur bei eigenem Erleben wirklich

nachvollziehen. Ich kann nur sagen - wir lieben uns noch immer, nur anders.“

Das Leben ist bunt. Ich werde jetzt einfach einmal kurz meine derzeitige Situation, meine Möglichkeiten aufzeigen, jetzt, fast sechs Jahre nach der Diagnose: **ALS.**

Mir geht es tatsächlich gut, ich fühle mich jedenfalls so in Anbetracht meiner Lage und der Möglichkeiten, die sich daraus ergeben. Für mich ist das Glas eben immer noch halb voll und nicht halb leer. Der Katheder funktioniert zuverlässig und der Wechsel ist unproblematisch. Die Magensonde macht auch keine Probleme. Mein Kopf scheint immer schwerer zu werden. Er fällt mehr und mehr nach vorn und zieht mich insgesamt nach links in eine unbequeme Schräglage. Ich bekomme daher eine neue Kopfstütze, die den Kopf mehr umfasst und stützt.(das ist inzwischen erledigt.) Bis dahin behelfen wir uns mit einem zusammengerollten Handtuch, festgebunden mit einem Schnürsenkel. Kreativ muss man sein. Danke Jürgen, du hast schon viele Ideen gehabt, sie umgesetzt und mir damit sehr geholfen.

Ich kann noch stehen - etwa eine Minute unter Festhalten und Unterstützung beim Aufstehen. Dabei ist es auch wieder der Kopf, der mich nach vorn und unten zieht in das Waschbecken. Deshalb hält mich jetzt eine Pflegerin im Arm, während eine zweite mich wäscht und mir die Hosen hochzieht. Meine Ernährung erfolgt hauptsächlich durch die Magensonde, essen kann ich lediglich nur noch etwas Breikost, trinken gar nichts mehr. Eigentlich vermisse ich das gar nicht so sehr. Rieche ich jetzt etwas Leckeres, dann läuft mir schon das Wasser im Mund zusammen, aber auch hier kann ich mir das vorstellen - wie das Fleisch, der Salat, das frische, knackige Brötchen mit Butter schmeckt. Jetzt läuft mir doch tatsächlich wieder das Wasser im Mund zusammen. Es macht mir wirklich nichts aus, anderen beim Essen zuzusehen, ganz im Gegenteil, ich profitiere durch den Geruch, der die Geschmacks- phantasie anregt und durch die Abwechslung. Nicht nur schmoren im eigenen Saft.

Besuch bekomme ich sehr gerne - nur einfach kurz reinschauen, um mir etwas zu erzählen, alles ist mir sehr willkommen. Selber jemanden zu besuchen, gestaltet sich meist als unmöglich. Am Eingang scheitert das meist schon.

Mein Magen, nicht ich, ist etwas empfindlich geworden und reagiert gerne mit Übelkeit und Brennen. Oooomm, ich bleibe ganz ruhig und atme ruhig - bis es wieder besser wird. Apropos Atmung - ich kann noch ganz gut selber atmen, nur leider sehr flach und nur noch mit der Bauchatmung. Nachts wird die Atemmuskulatur durch das Beatmungsgerät entlastet und ich kann gut damit schlafen.

Das Schreiben mit den Augen und der Bildschirmtastatur geht meist recht flüssig und zügig - es sei denn, ich bin müde oder unkonzentriert. Dann wandern die Augen hin und her, ohne dass ich das richtig kontrollieren kann. Dann heißt es wieder - Pause machen! Oft ist es auch einfach zu hell, dann funktioniert das auch nicht richtig.

Das ich nicht mehr so spontan zu Wort kommen kann, das tut am meisten weh. Noch mehr, als nicht mehr laufen zu können. Kein wirklich spontaner Einwurf, spitze Bemerkung oder auch mal eine Frage - so richtig spontan geht das nicht mehr. Das mit Konzentration erst zu schreiben, da fehlt einfach die Spontanität. Aber besser, als sich überhaupt nicht mehr mitteilen zu können! Selber mit dem Rollstuhl rausfahren - die Kraft reicht leider nicht mehr für längere Strecken. Der schöne Garten hier im Innenhof ist jetzt mein zweites Wohnzimmer. Dafür und für die Wege hier im Pflegeheim reicht die Kraft noch, ansonsten hat der Rollstuhl ja jetzt eine prima Begleitsteuerung. Da kann ich mich bequem zurücklehnen und lasse mich fahren. Das mag alles erdrückend aussehen, ich empfinde das nicht so. Ich lache immer noch gerne und mache fast jeden Spaß mit, lasse mich veralbern und teile auch Scherze aus. Ich liebe schwarzen Humor und lache mich dann scheckig, auch über mich, was ich früher nicht konnte. Ich bin ein durchaus optimistischer und humorvoller aber auch nachdenklicher, introvertierter und trauriger Mensch. Die Erkrankung hat mich offener und toleranter gemacht. Anderen und auch mir selbst gegenüber. Klar habe ich auch miese Tage, heule und bin wütend, bin einfach nur sauer. Aber das geht auch wieder vorbei und lachen hellt alles gleich wieder ein wenig auf.

Das Leben ist bunt, nicht nur schwarz oder weiß! Wie ich schon vorher geschrieben habe - trotz meiner Behinderungen! Ich liebe mein Leben, aber wenn es morgen vorbei wäre, dann ginge das auch in Ordnung. Muss aber nicht! Noch etwas leben wäre auch schön.

Einstellung

15.07.2016

Gestern habe ich einen Film über einen jungen Mann gesehen, der auch an ALS erkrankt war, aber so ganz anders damit umging als ich es tue. Nur seine Frau und seine Mutter waren eingeweiht. Weder der Bruder noch Freunde wussten davon.

Dann hat er die Radtour, die die Freunde alljährlich gemeinsam unternehmen, geplant. Ohne den anderen davon zu erzählen, warum die alljährliche Radtour nach Belgien gehen sollte - nämlich um zu sterben. Er hatte alles im Vorfeld organisiert. Da in Belgien Sterbehilfe erlaubt ist, hatte er seinen Sterbetag zusammen mit den Ärzten festgelegt; im Kreis seiner Familie und Freunde.

Ich akzeptiere das, aber zu so einem frühen Zeitpunkt aufgeben? Er konnte noch laufen, Rad fahren, sprechen, atmen und essen. Eine Pflegerin meinte, das sei ein mutiger Entschluss. Ist es das wirklich? Gleich aufgeben, wenn es anfängt schwerer zu werden? Ich bin froh, den Kampf aufgenommen zu haben. Auch wenn es beschwerlich ist, oftmals frustrierend, ständig auf Hilfe angewiesen zu sein und eigentlich keine Intimsphäre mehr zu haben. Und trotzdem, dass Leben ist einfach zu kostbar, um schnell aufzugeben.

Wenn ich gar nicht mehr kann, dann möchte ich auch sterben können und dürfen - aber nicht alleine. Aber noch lebe ich - und zwar gerne. Auch hier werden manche den Kopf schütteln und fragen, was das denn wohl für ein Leben ist. Da kann ich nur sagen - ein schönes. Aber ich gönne jedem sein eigenes Leben, glückliches Leben.

Geburtstag

23.07.2016

Eigentlich ist noch kein Geburtstag, es fehlen noch ein paar Minuten. Ich möchte jetzt langsam ins Bett. Und da kommt Susanne auch schon - mit einer Blume samt Vase in der Hand und um Punkt zwölf gratuliert sie mir zum Geburtstag. Damit habe ich so gar nicht gerechnet. Zufrieden geht es ins Bett und gute Nacht.

Ich wache auf und freue mich - wieder ein Jahr geschafft. Wieder ein Jahr erfolgreich gekämpft und viele gravierende Veränderungen durchlebt und gemeistert. Ein bisschen stolz bin ich schon auf mich. Es sind aber nie Zweifel aufgekommen, ob meine Entscheidungen richtig waren. Auch wenn mir – uns - zum Teil ein heftiger Gegenwind entgehen blies. Wir stehen dazu. Unsere, in vielen Augen unmögliche Beziehung zu dritt, funktioniert und bringt uns so viele Vorteile. Auch wenn ich in den Augen vieler als Verlierer dastehe. Natürlich kommen ab und zu Wünsche hoch, Wünsche die sich aber nicht erfüllen lassen. Gesund zu sein, zufrieden in einem bequemen Sessel zu sitzen und unseren Hund zu kraulen, verreisen, und, und und. Aber das verbiete ich mir. Das würde mich nur traurig machen. Das will ich nicht, denn ich habe beschlossen, glücklich zu sein. Punkt.

Aber ich schweife ab. Geburtstag. 62 bin ich jetzt doch tatsächlich. Wer hätte damit gerechnet? Die erste Gratulantin ist meine Zimmernachbarin, die mir um sieben Uhr gratulieren möchte. Sie wird aber vom Pfleger daran gehindert, schließlich hänge ich noch an der Beatmung und mein Medikamentencocktail läuft durch die Magensonde in meinen Körper. Also erst einmal wird aufgestanden Nach dem Duschen und mit frischen Sachen fühle ich mich für den Tag gerüstet. Der Pfleger gratuliert jetzt erst einmal. Und dann kommen so nach und nach die Gratulanten. Frau Dr. Apelt, eine Delegation aus Pflegerin und Pfleger und Vertreterin des sozialen Dienstes, die mir ein Ständchen und Geschenke bringen. Dann kommen drei ehemalige Nachbarinnen, gefolgt von drei Pflegerinnen von der Diakoniestation. Eigentlich haben wir ja gar nichts mehr miteinander zu tun, sie kamen früher immer zu mir nach Hause für die Pflege. Ich scheine ja nicht ganz so schwierig gewesen zu sein, wenn sie jetzt noch zu Besuch kommen. Auch die drei bringen mir ein Geburtstagsständchen. Meine Freundin kommt auch noch und Janina schneit auch noch gut gelaunt herein. Am Nachmittag kommen mein Bruder und meine Schwägerin.

Jeder hat irgendetwas mitgebracht. Der Tisch ist voller Blumen und anderen Sachen. Zum Teil haben wir uns ganz schön geknubbelt in meinem Zimmer. Drei Stühle und mein Bett sind die Sitzgelegenheiten - und ich mitten drin. Es ist einfach gemütlich. Auch schriftlich per mail oder über Facebook kommen viele Glückwünsche an. Da die Familie fast vollständig im Urlaub ist, kommt auch daher ein schriftlicher Glückwunsch.
Am Abend bin ich kaputt - aber schön kaputt. Ich kann nur sagen - das war ein richtig schöner Tag, ein toller Geburtstag.

August
Schlaflabor

Ja, es ist wirklich schon wieder ein halbes Jahr um. Ich bin zwei mal im Jahr im Schlaflabor und zwei mal in der Muskelsprechstunde. Also alle drei Monate sehe ich die Kliniken von innen.
So, ich bin wieder zurück aus Münster. Das Schlaflabor war wieder ziemlich anstehend. Das liegt daran, das die Schwestern und Pfleger dort nicht genau wissen, wie sie mich behandeln sollen und können. Sie müssen sich da jedes mal erst wieder reinfinden - und dann ist die Zeit auch schon wieder um. Ich bin jedenfalls froh, wieder zurück zu sein. Die Werte sind erfreulich stabil. Deshalb musste ich auch nur eine Nacht da bleiben. Professor Young, der Leiter der Neurologie und Schlafmedizin war diesmal auch bei der Visite und zeigte sich sehr angetan von meiner Homepage, meinen Büchern und von meiner Einstellung und meinem Engagement. Das tut mir auch mal richtig gut. Ich bekomme jetzt eine neue Atemmaske, die genau angepasst ist. Ich trage jetzt auch eine Halskrause, die es mir sehr erleichtert, den Kopf hoch zu halten. Gewöhnt man sich auch dran, zumal das auch einfach eine grosse Krafteinsparung bedeutet. Na, und ich spare mir im Winter den Schal.

Auf zu neuen Taten. Ich merke gerade, das die Halskrause auch beim schreiben hilft, weil der Kopf nicht dauernd hin und her eiert.

Die Hand

"Hallo Hand. Haaaaallo! Aufwachen. Ich brauche dich. Jetzt! "

"Wie? Was? Ich kann nicht, bin nicht mehr ans System angeschlossen."

"Na, ein bisschen aber noch. Also sei so nett und beweg dich etwas. Nur etwas. "

"Ok, aber wie? Du mußt mir dabei etwas helfen."

"Ja dann fangen wir mal an."

Soweit der Dialog zwischen mir und meiner linken Hand. Jetzt konzentriere ich mich. Ich sehe meine Hand, nicht real, sondern in meinem Kopf. Und da bewegt sich die Hand. Und dann bewegt sich die Hand, real. Manchmal gelingt das nicht sofort, sondern erst nach besonders intensiver Kozentration. Und sie bewegt sich doch! Dann geht es weiter mit Konzentration und Stück für Stück reagiert die Hand und ich kann mit ihr den Rollstuhl bedienen. Aber nicht immer funktioniert das vollständig. Einige Funktionen gehen schwer. Mal kann ich nicht richtig nach links lenken, mal schlecht nach hinten. Aber meistens geht es immer noch. Aber nicht für lange . Die Muskeln reagieren nicht mehr so richtig, fangen an zu zucken. Pause. Und dann geht nach längerer Pause das gleiche Spiel von vorne los.

"Hallo Hand."
...

Wie lange schaffe ich das noch? Ich werde es sehen.

Konzert

5.8.16

Schon im letzten Jahr war Justus Frantz mit den jungen Philharmonikern der Nationen in der Gempthalle hier in Lengerich. Ein tolles Erlebnis war das ja für mich. Als ich hörte, dass er wieder nach

Lengerich kommt, stand fest - da muss ich wieder hin. Aber ganz alleine schaffe ich das nicht mehr. Also habe ich Jürgen gebeten mitzukommen.
Der Tag fängt sehr trübe an, aber ab Mittag kommt die Sonne raus und es ist angenehm warm. Da gehe ich natürlich gleich in den Garten. Sehr schön. Gesicht und Bauch und natürlich auch die nackten Füsse in die Sonne gehalten.

Am Abend holt Jürgen mich ab und es geht ganz gemütlich die paar Meter zur Gempthalle hinüber. Hier treffen wir einige Bekannte. Hallo hier und ein paar freundliche Worte da und dann geht es auch schon los.
Es ist wieder sehr schön - auch weil Justus Frantz nicht nur als Dirigent, sondern auch als Pianist auftritt. Sehr locker macht er das, setzt sich an den Flügel und erklärt in lockerem Plauderton die folgenden Musikstücke und deren Besonderheiten.

Es ist wieder ein wunderschöner Abend und ich sitze hinterher noch einige Zeit im dunklen und spüre der Musik nach. Es lohnt sich zu leben - auch wenn es ein dauernder Kampf ist. Auch in solchen Momenten merke ich das.

11.9.16

Die meisten Menschen wollen einfach nur leben, nicht kämpfen. Verstehe ich. Ich aber kann nur leben, wenn ich kämpfe. Jeden Tag, jede Stunde. Manchmal bin ich so müde davon und ich überlege - wofür? Und dann weiß ich es manchmal nicht. Aber dann hätte ich ja sofort aufhören können - aufgeben können. Das widerstrebt mir einfach. Ich habe Leben geboren und habe begriffen, wie kostbar es ist. Vielleicht kann ich deshalb nicht aufgeben. Ich bin und bleibe ein Gefühlsmensch. Kann man nicht abstellen. Ein wenig gelebte Nähe, nicht nur von eigentlich Fremden, das tut mir so gut. Ist wie ein Pflaster auf einer offenen Wunde, schützt vor neuen Verletzungen. Die Strecke, die wir heute spazieren gegangen sind, bin ich bis vor einem Jahr noch sehr gerne alleine gefahren, zu jeder Jahreszeit. Immer wieder bin ich stehen geblieben und habe den Anblick, den Ausblick und den Augenblick genossen.

4.11.2016

Freitag, auf diesen Tag habe ich mich jetzt schon länger gefreut. Das lenken mit der Hand und dem Joystick wurde von Tag zu Tag schwieriger und anstrengender. An machen Tagen konnte ich nur noch links herum und nach vorn fahren. Für etwas Anderes hat sich die Hand nicht überreden lassen. Und heute ist es soweit, die Kinnsteuerung wird montiert. Der Rollstuhl muss dafür nicht in die Werkstatt und ich kann sogar darin sitzen bleiben.

Zunächst ausgepackt sieht das Ganze äusserst merkwürdig aus. Aber die Monteuere werden schon wissen, wo welches Teil hingehört. Und tatsächlich, knapp zwei Stunden später kann ich die ersten Zentimeter fahren - gelenkt durch das Kinn. Ich drehe ein paar Runden durchs Zimmer. Ich fahre nichts an, niemand wird verletzt. Das ist schon eine Leistung - bei drei Personen mehr im Raum. Jetzt heisst es üben, üben, üben, ...

3.12.2016

Heute fühle ich mich das erste mal seit längerer Zeit wieder richtig gut und wohl in meiner Haut. In der Nacht habe ich gar nicht gehustet und bis jetzt nur wenig. Ich hoffe das bleibt so. Ich sitze so am Fenster, höre weihnachtliche Musik, in moderner Form, schaue aus dem Fenster und sehe so viel - die Wolken und das Licht, die kahlen Bäume und die Meisen, die darin herum turnen - auf der Suche nach fressbarem, das mit Rauhreif überzogene Gras und die dick eingemummelten Menschen und, und, und... Dann sitze ich wieder mit geschlossenen Augen und höre nur.

Immer wieder erhole ich mich so zwischendurch, aber gar nicht so sehr den Körper, sondern die Augen, mein Multifunktionswerkzeug. Die haben jetzt so viele Aufgaben - lesen, schreiben, den Computer bedienen, den Fernseher schalten, e-mails schreiben, aufpassen, dass ich beim fahren nirgendwo gegen basele, sprechen durch den Computer oder anzeigen durch die Blickrichtung. Dann haben sie natürlich auch noch die ganz normale Aufgabe zu sehen, weinen oder lachen. Das ist ganz schön viel und deshalb ist es einfach notwendig, die Augen zwischendurch immer wieder für eine Weile zu schliessen. Ich schlafe dann nicht, sondern gönne den Augen nur eine Pause - und bei der Gelegenheit kann ich auch sehr gut den Gedanken n
achspüren.

Tiktak, tiktak, tiktak, die Zeit, die rennt. Wo bitte ist das Jahr geblieben? Ich sitze am Fenster und sehe die kahlen Bäume, es ist trübes nebliges Novemberwetter, meine Hände und Füsse sind kalt, die Nase tropft und ich habe wieder diesen blöden trockenen Husten - es muss Winter sein. Ich bin so oft müde, ich glaube, ich lege mich hin und halte Winterschlaf. Gähn. Entweder bin ich vom husten oder von den Hustentropfen so müde. Egal wie man es dreht und wendet - beides nicht so toll.

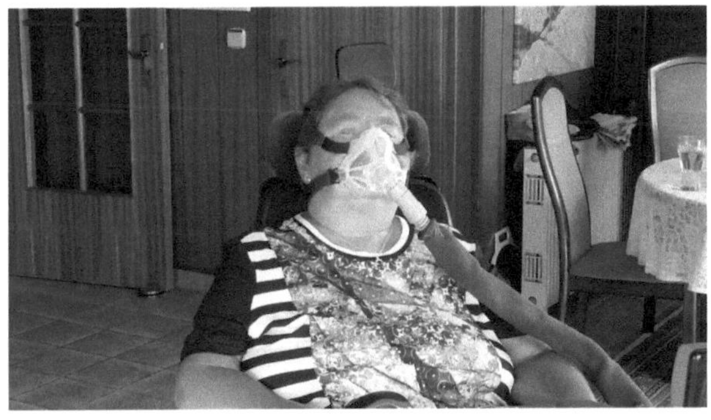

Mittags habe ich jetzt die Atemmaske immer für bis zu zwei Stunden auf. Das hilft gegen den Hustenreiz und die Müdigkeit.
Dann heisst es - Pause.

Weihnachten

In diesem Jahr kann ich die Weihnachtszeit richtig geniessen. Ich bin ruhig, kann der Musik zuhören und der Husten ist deutlich weniger geworden. Ausserdem habe ich ich einen kleinen Tannenbaum, der verbreitet Gemütlichkeit. Ich freue mich auf Weihnachten. Es macht mir Spass, Geschenke auszusuchen. Die trudeln dann nach und nach bei mir ein und mit jedem Paket wächst meine Vorfreude auf die Gesichter der Enkelkinder.

Und es wird wirklich schön. Zwar spielt das Wetter nicht mit, denn es herrschen eher Frühlingstemperaturen als knakiger Frost. Aber das ist egal, das kann meine gute Laune nicht trüben.

Heiligabend gehen wir in die Kirche und die Reaktionen der Kinder bei der Bescherung entschädigt für vieles.

Das Jahr geht zu Ende und ich ziehe Bilanz. Die neue Lebenssituation kann ich gut akzeptieren und ich fühle mich gut dabei. Meine Kräfte schwinden zusehens. Konnte ich Anfang des Jahres noch ohne Probleme mit der linken Hand den Rollstuhl steuern und längere Strecken fahren, geht das jetzt gar nicht mehr. Die Kinnsteuerung ermöglicht es mir, mich hier auf der Station frei zu bewegen und die Sitzposition alleine zu ändern. Wenn es wieder wärmer wird, kann ich vielleicht sogar alleine in den Garten. Nur alles gaaaaaanz langsam. Aber das ist egal.

Bis Mitte des Jahres konnte ich noch selbst stehen - jetzt kaum noch und wir wollen deshalb demnächst mit dem Lifter arbeiten. Ja es wird alles schwerer und schwieriger und dennoch ich würde mich über einen weiteren Sommer freuen.

Aber ich freue mich sehr - das dritte Buch ist nun fertig